SEXO

Una guía solo para jóvenes

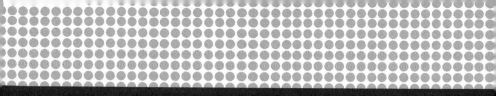

Conoce y disfruta tu cuerpo con Inteligencia y seguridad

SEXO

Una guía solo para jóvenes

Nikol Hasler

Planeta

Título original: *Sex: a book for teens*

Publicado originalmente en 2010 por Zest Books
Sello editorial de Orange Avenue Publishing
35 Stillman Street Suite 121, San Francisco, CA 94107
www.zestbooks.net

Traducción: Ariadna Molinari
Ilustraciones: Carla Padilla
Diseño gráfico: Marvin Rodríguez

Asesoría médica ejecutiva: Dra. Marilyn Milkman
Asesoría de contenidos: Heather Corinna y Ken Petrilli
Asesoría en psicología: Yolanda E. Slade y Wendy Snider
Asesoría médica: Dr. Jeffrey D. Klausner
Asesoría en adolescencia: Atticus Graven, Carolyn Hou, Sasha Schmitz,
Hannah Shr y Diana Rae Valenzuela
Asesoría en educación sexual: Cory Silverberg y Judith Steinhart
Asesoría en materia transgénero: Morty Diamond

Derechos mundiales en español
publicado mediante acuerdo con Zest Books

© 2012, Editorial Planeta Mexicana, S.A. de C.V.
Bajo el sello editorial PLANETA *M.R.*
Avenida Presidente Masarik núm. 111, 2o. piso
Colonia Chapultepec Morales
C.P. 11570, México, D.F.
www.editorialplaneta.com.mx

Primera edición impresa en México: abril de 2012
ISBN: **978-607-07-1089-6**

503 71862 1/13

Impreso en los talleres de Litográfica Ingramex, S.A. de C.V.
Centeno núm. 162, colonia Granjas Esmeralda, México, D.F.
Impreso y hecho en México – *Printed and made in Mexico*

INTRODUCCIÓN

Seguramente ya te diste cuenta por el título de que el libro que tienes en tus manos es sobre sexo. En él se combinaron dos de las cosas más emocionantes del mundo (sexo y libros) para crear un objeto magnífico. Así es: cada palabra, oración e ilustración se refiere a esa palabra de cuatro letras en la que todos en la escuela están pensando a uno u otro nivel, incluso aunque no quieran admitirlo. Pero ¿por qué un libro sobre sexo? Y, lo que es más importante, ¿por qué este libro sobre sexo?

En 2007, comencé a trabajar en un *show* de Internet llamado *Midwest Teen Sex Show*, que consiste en *sketches* cómicos sobre diversos temas sexuales. Este *show* se originó como un medio para hablar de sexo de manera inteligente, divertida, empática y sin censura. Años y episodios después, nuestro público sigue aumentando; ahora alcanzamos hasta 300 mil reproducciones por episodio.

Pero es realmente poco lo que podemos decir en episodios de tres minutos, y por eso quise escribir este libro.

Aunque hay mucha información disponible y de fácil acceso sobre sexo, los chavos siguen embarazándose, contrayendo enfermedades de transmisión sexual y obteniendo información incorrecta sobre sexo de forma condescendiente o simplemente aburrida. Si el sexo es tan divertido, ¿por qué habríamos de aburrirnos mientras aprendemos sobre él?

Este es un libro que aborda todo lo relativo al sexo: cuerpos, anticoncepción, virginidad, orientación sexual, masturbación, citas, enfermedades de transmisión sexual, desempeño, orgasmos... lo que te venga a la mente. No es su intención convencerte de tener o no tener relaciones sexuales, sino de informarte sobre todo lo que necesitas saber si las estás teniendo o piensas tenerlas algún día. Todos tienen dudas sobre sexo, incluso aquellos que aún no lo están "teniendo". Es más, hasta las personas que han tenido relaciones sexuales durante enemil años siguen haciéndose preguntas (como ¿dónde habré dejado mis lentes?).

Me encanta el humor, pero también creo que la información debe basarse en hechos y estar actualizada, por lo que consulté a muchos doctores y expertos en sexualidad para escribir este libro. También incluí una larga

lista de recursos para chavos al final, para que puedas encontrar respuestas a cualquier cosa que no esté aquí y obtengas los datos más recientes tan pronto estén disponibles.

¡Comencemos con el libro! Léelo. Préstaselo a tus amigos. Platiquen sobre él. Escriban canciones al respecto. Compra dos copias y compáralas para ver si hay diferencias. Tráelo siempre en la mano para que todos lo vean y cita partes de él en los pasillos de la escuela. O... solo léelo. Sobre todo, haz algo útil con la información que adquieras, como entender mejor tu cuerpo y descubrir cómo hablar de sexo sin vergüenza. No olvides que está bien reírse, pues aunque el sexo es un tema serio, también es algo muy divertido.

Nikol Hasler,
autora de *Sexo: Una guía para jóvenes*

RECUERDO QUE EN EL 69 PEDRITO LÓPEZ ME PASÓ LADILLAS.

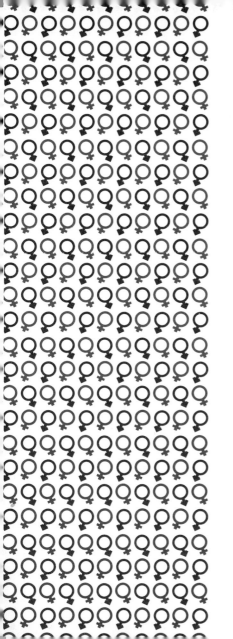

Capítulo 1
Tu cuerpo

Cómo funciona y cómo debes tratarlo

Qué mejor forma de empezar hablando de sexo que mirando de cerca tu cuerpo. Aunque parezca obvio, muchas personas ignoran sus cuerpos (o de plano no saben qué hace cada una de sus partes) y luego se sacan de onda cuando ocurren cosas raras (que en realidad son completamente normales).

En este capítulo no hablaremos de cómo funciona tu corazón o tus pulmones, porque ¡qué hueva! (y un libro sobre sexo no debería darte hueva). Pero sí trae un buen resumen de las partes del cuerpo que usarás durante el sexo, su funcionamiento y cómo mantenerlas en buen estado. Recuerda: también es importante aprender sobre los cuerpos de los demás. Aunque no tengas pene o vagina, debes conocer cómo funcionan, sobre todo si planeas involucrarte con uno de ellos algún día.

Tus órganos sexuales

Estas partes de tu cuerpo son de las más interesantes que posees (aunque tengan nombres científicos raros). Aun si crees que sabes todo acerca de ellas, aquí va un repaso rápido.

Aparato sexual femenino

Las chavas tienen varias partes pequeñas, y cada una cumple un propósito diferente. En general la gente le llama a toda esta área **vagina**, cuando en realidad técnicamente se están refiriendo a la vulva (cuyas partes puedes ver en el diagrama). El **monte de Venus** es un montecito de tejido graso, piel y vello púbico que está sobre el hueso del pubis. La **vulva** es la zona que contiene los genitales femeninos externos, que incluyen los labios mayores, labios menores, el clítoris, el prepucio clitorial, la abertura uretral (o meato uretral) y la abertura vaginal. Los **labios mayores** (o externos) y los **labios menores** (o internos) son los dos pares de pliegues de la piel que ayudan a proteger lo que está adentro. El **clítoris** es un conjunto de nervios que asemeja un pequeño nudo, y su estimulación durante la actividad sexual provoca que las chavas se exciten y tengan orgasmos. La pequeña capucha que lo cubre es el **prepucio clitorial**.

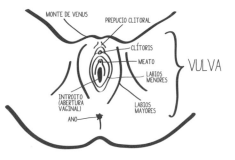

Debajo del clítoris se encuentra el **meato** uretral, que es por donde sale la orina y donde comienza la uretra. La **uretra** es un tubo que va hasta tu vejiga, la cual se encuentra debajo de los ovarios y pegada al cuello uterino.

Debajo del meato uretral está el **introito** o **abertura vaginal**, el cual lleva a un canal muscular que se conoce como **vagina**, que es también el canal de nacimiento. Además, es por donde sale la menstruación y por donde entran los tampones y ciertos métodos anticonceptivos. Durante la relación sexual, es donde se inserta el pene (o los dedos).

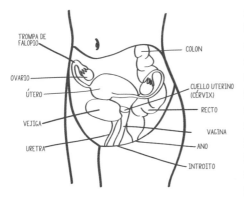

Más allá de la vagina está el **cuello uterino,** que se localiza en la parte inferior y más angosta del útero, en donde este se junta con la parte superior de la vagina. En un embarazo normal, el bebé se desarrollará en el útero. Las **trompas de Falopio** son el vínculo entre el útero y los ovarios, en donde se encuentran todos los óvulos, o células con las que se hacen los bebés. (Las niñas nacen con todos los óvulos que tendrán en su vida.) Para conocer más sobre su función en el proceso reproductivo, ve a la página 15.

¿Qué es esa cosa blanca?

Quizá has notado que la vagina produce un fluido. Suele ser normal y ayuda a mantenerla limpia y humectada, así como a prevenir y combatir infecciones. Es común que su color, textura y cantidad varíen a lo largo del mes. Puede ser líquido o más espeso y pegajoso, y ser de color transparente, blanco o blancuzco. Sin embargo, si notas que hay algún cambio en el olor (que huela como a pescado), en el color (verdoso o grisáceo), sientes picazón, ardor, tienes inflamación o un sangrado cuando no te toca tu periodo, ve con tu doctor o a una clínica inmediatamente. Puede ser señal de que tienes un problema con tu salud vaginal, como una infec-

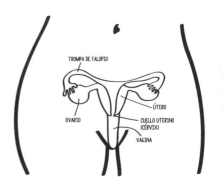

ción bacteriana o por hongos, o una enfermedad de transmisión sexual (para saber más sobre este tipo de enfermedades, ve al capítulo 7).

Aparato sexual masculino

A diferencia del aparato sexual de las chicas, que se encuentra hacia el interior del cuerpo, los órganos sexuales de los chavos están tanto adentro como afuera. Las partes externas son el pene y el escroto. El **pene** se compone del tronco y el **glande** (también conocido como *la cabeza*). Dentro del pene hay un tubo llamado **uretra** a través del cual viajan tanto el semen como la orina y salen por una pequeña abertura en la punta del glande llamada **meato urinario**. El **escroto** es un pequeño saco expuesto que cuelga por debajo del pene y contiene los **testículos**, los cuales son dos glándulas ovaladas que producen **espermatozoides** (o células sexuales masculinas que se parecen un poco a los renacuajos).

Después de que los espermatozoides se crean en los testículos, se transportan a través de una serie de tubos enrollados llamados **epidídimos**, y luego suben por un tubo largo conocido como **conducto deferente** hacia las vesículas seminales, que son unas glándulas ubicadas detrás de la vejiga.

Ahí se mezclan con un fluido producido por las vesículas seminales, y esta mezcla se va a la **próstata** (una pequeña glándula localizada debajo de la vejiga), donde se combina con más fluido y, cuando un chico eyacula, este líquido blanco pegajoso llamado **semen** sale disparado por el meato. Ya que el pene y el escroto están expuestos, son susceptibles a los cambios de temperatura. Ambos tienden a hacerse más pequeños cuando hace frío, pues es su forma de controlar la temperatura de los testículos y proteger a los espermatozoides.

Anatomía de una erección

Tener una erección, andar paraguas o simplemente traerla parada es algo que suele comenzar en el cerebro. Si ves, piensas o sientes algo que te excita sexualmente, tu cerebro envía un mensaje a tu pene que dice "¡oh, sí!" y le indica a los vasos sanguíneos que se abran. La sangre entra a una velocidad mayor a la que puede salir y se queda atrapada en el pene, lo que provoca que se alargue y endurezca, y se produzca la erección. Pero no olvides que aunque se ponga rígido es un órgano sin huesos, y por lo mismo se debe manejar con cuidado. No por nada hay quienes le llaman "la invertebrada".

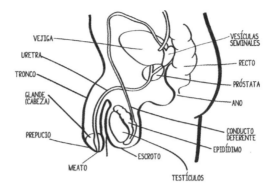

VEJIGA
URETRA
TRONCO
GLANDE
(CABEZA)
PREPUCIO
MEATO
ESCROTO
TESTÍCULOS
VESÍCULAS SEMINALES
RECTO
PRÓSTATA
ANO
CONDUCTO DEFERENTE
EPIDÍDIMO

Ahora bien, hay otras erecciones espontáneas no tan agradables que puedes tener de vez en cuando sin que estés pensando en sexo, como sucede durante la clase de mate. Pueden ser vergonzosas, pero son de esperarse, pues tus hormonas adolescentes están al máximo. Los chavos a veces despiertan con una erección (o con la casa de campaña bien puesta), e incluso llegan a eyacular mientras duermen (puedes leer más al respecto en el capítulo 3), lo cual es totalmente normal.

Cuando los espermatozoides y el ovario se encuentran

Es muy probable que ya sepas cómo se hacen los bebés, pero aquí va un breve resumen, en caso de que tu educación sexual provenga de lo que escriben en las paredes del baño (o de tu primo el que sabe un poco de todo).

Cada 28 días, un óvulo (o a veces dos) se transporta por una de las trompas de Falopio y ahí espera unos cuantos días a que lleguen los guapos espermatozoides a tratar de meterse en él. Son muchos los espermatozoides que compiten por este óvulo, pero solo el nadador más fuerte y rápido ganará. (Los espermatozoides se encuentran en el semen que eyacula el chavo con el que la chica está teniendo relaciones sexuales.) Si alguno de ellos llega hasta el óvulo, tratará de fertilizarlo, y si lo logra, el óvulo se moverá hasta el útero de la chava, en donde encontrará un lugar para implantarse, y el bebé comenzará a desarrollarse.

¿Con o sin circuncisión?

Cuando los niños nacen, sus padres pueden decidir hacerles la circuncisión. Esta implica quitar el **prepucio**, que es una capa de piel retráctil que cubre el glande cuando no hay una erección. La decisión de circuncidarse también puede tomarse a mayor edad. Algunas de las razones por las cuales la gente opta por la circuncisión son por su religión, por salud o porque quieren que el pene del niño se parezca al de su padre. Algunos hombres deciden quitarse el prepucio porque no les gusta cómo se ve, y en casos raros, otros que están circuncidados desearán recuperar ese pedazo de piel, aunque las cirugías de este tipo aún no son del todo efectivas.

PENE CIRCUNCIDADO

De cualquier forma, un pene siempre será un pene y funcionará igual. Si tienes prepucio, debes asegurarte de retraerlo y limpiar la piel que está debajo con frecuencia. Eso sí, estés circuncidado o no, la higiene es fundamental.

Si no se fertiliza, el cuerpo reabsorbe el óvulo, y el tejido y la sangre que se encuentran en el útero (que forman parte del recubrimiento que alimenta al bebé y le proporciona un lugar cómodo y agradable para crecer) ya no son necesarios y se expulsan del cuerpo. Esta sangre que sale del cuerpo de las chavas se conoce como **menstruación** (encontrarás más información sobre esto en las páginas 20, 21 y 22).

PENE SIN CIRCUNCIDAR

La pubertad. Es probable que estés pasando por ella y sepas que es un periodo en el que tu cuerpo experimentará todo tipo de cambios. Algunos son agradables, y otros... pues... bastante extraños.

En el caso de los chavos, los principales cambios radican en que les crecen los testículos, el escroto y el pene, y sus voces se hacen más graves. Mientras tanto, los senos de las chavas adquieren forma, los pezones les cambian de color y tamaño, sus vaginas cambian de forma, coloración y olor, y comienzan a menstruar. Tanto a ellas como a ellos les saldrá vello donde antes no tenían (y también unos cuantos barros y espinillas).

La cosa es que a nadie le gusta hablar sobre la pubertad. No es como que los chavos se reúnan en la cafetería para discutir acerca de su nuevo vello púbico, o que las chicas dejen de avergonzarse de su menstruación, pues sienten que traer un tampón es igual que meter drogas ilegales a la escuela. Pero aunque no hables de ella, sabes que está ocurriendo.

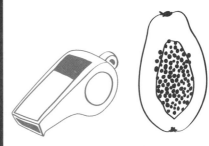

PITO   PAPAYA

¿Y tú cómo les dices?

Aunque hasta ahora solo hemos utilizado los nombres formales, hay muchas formas ingeniosas (o no tanto) de llamarle a las partes de tu cuerpo. Aquí van algunas de nuestras favoritas.

Senos: bolsas de aire, globos, salvavidas, tetas, chichis, melones, lolas, gemelas, bubis, agarraderas, amigas, mamas, nenas, pechugas.

Pene: serpiente de un ojo, pájaro, palo, chile, salchicha, compadre, plátano, cíclope, pistola, pepino, cabezón, el educado, mi amigo, pito.

Testículos: huevos, compas, bolas, canicas, gemelos, pelotas.

Vagina: chocho, concha, oscuro objeto del deseo, panocha, pepa, pucha, peluchito, papaya, cueva, bizcocho, flor.

17

¿Qué es normal?

Aunque los cuerpos de algunos se desarrollan antes de la adolescencia, otros no terminan de hacerlo hasta después de la prepa. En algunos casos, los cambios parecen ocurrir en solo un año, pero en otros son más lentos y graduales. Algunas personas pueden asustarse porque su desarrollo no es constante. Los chavos se preguntan si sus penes son muy pequeños (lo cual es improbable), muy grandes (lo cual es todavía más improbable) o si tienen una curvatura rara, mientras que las chavas se preocupan por el tamaño de sus senos, que pueden ser dos pequeños bultos o incluso llenar grandes escotes. Aunque sea difícil, es mejor que trates de no obsesionarte comparando lo que pasa en tu cuerpo con lo que le ocurre al de los demás.

Si te preguntas si son normales el tamaño y la apariencia de las partes del cuerpo que se te acaban de desarrollar, lo más seguro es que sí lo sean. Para que te sientas mejor, aquí van algunas estadísticas.

• **Penes.** Los hay de todos tamaños, pero en promedio miden entre 12 y 16 cm cuando están erectos. El tamaño que tienen cuando están flácidos (o en reposo) varía mucho, y en realidad no tiene nada que ver con el que pue-

"CRECIENTE"

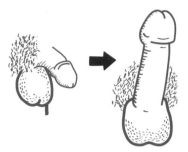

"EXHIBICIONISTA"

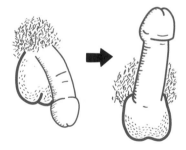

den alcanzar cuando se endurecen. Algunos chavos prefieren referirse a sus penes en términos de "crecientes" o "exhibicionistas" (los primeros son pequeños cuando están flácidos y crecen bastante cuando se endurecen, mientras que los segundos son grandes cuando están en reposo y crecen poco en comparación cuando se ponen erectos).

• **Senos.** Pueden ser desde talla AA hasta L (que es seis tallas más que triple D). Su tamaño está determinado por una gran cantidad de factores distintos, como la genética, el peso, la complexión y las hormonas. Por lo regular, terminan de desarrollarse cuando las chicas tienen 17 años, pero algunas chavas aseguran que las suyas dejaron de crecer cuando ya estaban en la universidad.

• **Pezones.** Su color puede ir de rosa a café, pueden ser abultados o lisos, y ser pequeños o incluso (a veces) llegar a abarcar casi todo el seno. También pueden estar invertidos, semejando una especie de ombligo. Algunas chicas notan que sus pezones tienen unos pequeños granos, pero no hay que preocuparse por ellos. No son espinillas, sino glándulas naturales que ayudan a mantener el pezón humectado, y a nadie le viene mal un poco de humectación.

• **Vulvas.** Varían en cuanto a color y tamaño, y los labios menores (o internos), que se muestran en la ilustración de la página 12, pueden ser rosas, rojos, cafés, morados o hasta grises. A veces son pequeños, y otras puede parecer que cuelgan bastante. Al igual que los copos de nieve, no hay dos vulvas iguales.

• **Axilas.** El desodorante es una gran idea porque elimina y cubre el olor del sudor. Algunos son antitranspirantes, lo que quiere decir que evitan por completo la salida del sudor. (Hay personas a quienes no les gustan los antitranspirantes porque prefieren permitir que sus cuerpos eliminen las toxinas del sistema a través del sudor.) En las farmacias podrás encontrar desodorantes y antitranspirantes.

¿De dónde viene ese olor?

Es posible que ya te hayas dado cuenta de que una de las cosas que ocurren cuando tu cuerpo madura es que adquiere una serie de olores nuevos e interesantes. También habrás notado que no solo te pasa a ti. Son las hormonas en acción, lo cual es perfectamente normal. Aquí te damos una lista de las partes que pueden ponerse apestosas y lo que puedes hacer con ellas.

• **Penes y escrotos.** Si no te gusta cómo huele allá abajo, el mejor remedio es la limpieza. Lávate el pene con un jabón suave, pero cuida que no te entre jabón por el meato. También puedes usar un talco sin perfume para evitar que el sudor produzca un olor desagradable.

• **Vaginas.** Si eres la orgullosa dueña de una de estas, debes saber que una vagina adulta tiene un olor fuerte por naturaleza. No es malo, pero sí muy reconocible. No te avergüences de él, pues es parte de lo que hace a una vagina lo que es. La mejor forma de lograr que huela bien es la limpieza. No necesitas nada especial, solo agua o un jabón muy suave. No cometas el error de lavar tus partes más delicadas con jabones fuertes o muy perfumados porque pueden irritarte. Tampoco uses duchas vaginales, que son una mezcla de ingredientes industrializados que sirven para lavar esa parte tan sensible de tu cuerpo. El uso de *sprays* femeninos o desodorantes vaginales también es mala idea. Todos estos productos pueden provocarte reacciones alérgicas, irritación e infecciones que alteran el pH de tu vagina y provocan que apeste, en vez de que solo tenga su olor normal.

¡No queremos pelos!

Ahora que eres adolescente tienes vello en todo tipo de lugares, y es probable que no quieras que parte de él sea visible al público. Aquí te decimos cómo puedes lidiar con él.

Las chavas suelen eliminar el vello de muchas áreas, como sus axilas, piernas y pubis. Los chavos, por lo regular, se rasuran la cara, aunque cada vez es más común que también lo hagan en otras partes del cuerpo, como el pecho, la espalda y hasta el escroto.

Todo depende del lugar del que lo quieras eliminar y de la cantidad que tengas. Hay diversas opciones, que van desde rasurarse, depilarse con cera, usar cremas para depilar, usar pinzas, hasta la depilación láser.

Si quieres eliminar el vello, asegúrate de que lo haces por convicción y no nada más porque otras personas te digan cómo debe verse tu cuerpo.

Menstruación

Es inevitable: si eres chica, tendrás tu periodo. Si estás leyendo este libro, es probable que ya lo hayas tenido, pero ¿sabes exactamente qué es? Como ya hemos dicho, la menstruación ocurre cuando el recubrimiento al interior del útero se desprende. Este se forma cada mes para cobijar al bebé, pero si no hay bebé (es decir, si el óvulo no fue fertilizado), se elimina. Está formado por sangre, tejido y mucosa, aunque tiene la apariencia de ser solo sangre. Puede ser de color rojo brillante, rojo oscuro o incluso café, y a veces va acompañado de coágulos. El desprendimiento suele tardar entre tres y seis días, y, aunque es una de las cosas más fascinantes que puede hacer tu cuerpo, también puede ser muy incómodo, porque quizá experimentes cólicos en el vientre, dolores en la espalda baja, hinchazón y sensibilidad en los senos, inflamación, mal humor y acné.

Es posible reducir estos malestares con algo de ibuprofeno, ejercicio ligero, una alimentación sana, masajes en la espalda baja, baños calientes, descanso y, sobre todo, paciencia. Si tienes antojos de comida grasosa o muy calórica, está bien que te des un gusto, ¡pero no abuses!

También es normal que te encuentres sensible. Si sueles ponerte triste o enojarte antes o durante tu periodo, procura alejarte de las personas o situaciones que te estresen. Aunque es obvio que puedes realizar todas tus actividades normales, puede ser una buena idea que te la lleves leve durante los primeros dos días, sobre todo si tu sangrado es abundante o tienes muchos cólicos.

Es posible que durante los primeros años tu periodo no sea regular, es decir que su llegada sea impredecible. A lo mejor un día estás en clase de Historia, pensando en tus cosas, cuando recibes tu propia herida de guerra. No permitas que esto te haga asociar la Independencia con una situación molesta. Quizá Miguel Hidalgo no encontró la cura para el síndrome premenstrual (SPM), pero hizo otras cosas buenas. Después de un tiempo tu cuerpo se acostumbrará a un calendario, aunque algunas chavas nunca tienen periodos regulares por distintas razones, que van desde la alimentación hasta el ejercicio o las hormonas desenfrenadas. También es posible que te dure tres días un mes y ocho el siguiente. Si te preocupa la irregularidad de tus periodos, pregúntale a tu doctor su opinión. Él o ella te recetará anticonceptivos que regularán tus periodos, o te asegurará que no tienes nada de que preocuparte. En realidad tu periodo es algo *cool*, pues es señal de que estás sana, no estás embarazada y estás lista para iniciar un nuevo mes. No hay nada de que avergonzarse, pues es una función normal de tu cuerpo. Y si eres chavo y pensar en la menstruación te da asco, mejor guárdate tus comentarios. No te gustaría que las chicas se burlaran de tus erecciones ocasionales, así que déjalas sangrar en paz.

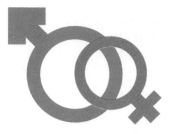

¿Toallas sanitarias o tampones?

Los métodos predilectos para lidiar con todo ese sangrado mensual son los tampones y las toallas sanitarias. Lo mejor es que pruebes ambos y decidas cuál te acomoda más. Como seguro ya sabes, las toallas sanitarias se adhieren a tu ropa interior y absorben la sangre cuando sale. Los tampones son cilindros de algodón (u otra fibra) muy compactado que van dentro de la vagina. Es importante que leas las instrucciones de la caja para que aprendas a ponértelos (aunque también le puedes pedir consejos a tu mamá o a alguna amiga). Hay de diferentes tamaños, dependiendo de la cantidad del flujo (pero usa el más pequeño que necesites), y traen su propio aplicador o se pueden insertar con el dedo. Las toallas sanitarias son mejores para las chavas que no quieren meterse nada allá abajo, pero los tampones son maravillosos cuando vas a realizar actividades deportivas, nadar o bailar al ritmo de tu canción favorita, porque no tendrás que preocuparte de que la toalla se salga y caiga al piso. Debes cambiarte la toalla cada tres o cuatro horas, o cuando esté llena de sangre, y usar los tampones entre cuatro y ocho horas, según el flujo.

Es muy importante que respetes estos horarios por salud e higiene. Solo recuerda no tirarlos por el excusado. Mejor envuelve la toalla o el tampón en papel higiénico y tíralos a la basura. La mayoría de las instalaciones de plomería no están diseñadas para procesar estos residuos, y lo último que quieres es que la escuela o el restaurante se inunden por culpa de tu maxi toalla.

Examen femenino

Si eres chica, es probable que empieces a visitar a un doctor para consultarle sobre tu salud reproductiva poco después de que hayas entrado a la pubertad, entre los 14 y los 17 años. Estas citas consisten en exámenes de los senos y la pelvis, y en ellas puedes preguntar a tu médico sobre métodos anticonceptivos y de prevención de infecciones de transmisión sexual (ITS). Es muy importante que vayas si tienes una vida sexual activa, si quieres empezar a tomar algún tipo de anticonceptivo o si tienes dudas relacionadas con tu menstruación. Hoy en día, muchos médicos familiares realizan este tipo de chequeos, por lo que puedes ir a visitar a tu médico de cabecera o ir con un ginecólogo, que se especializa en la salud de las mujeres. Después de realizar el examen de senos en busca de bultos o anormalidades, el doctor procederá con el examen pélvico. Para ello te pedirá que te desvistas y te pongas una bata de hospital, que seguramente no está al último grito de la moda, pero a veces tiene algún lindo diseño floral. Te recostarás en una camilla y colocarás los pies en unos descansos de metal llamados estribos. El médico comenzará por observar los pliegues de tu vulva y la abertura de tu vagina, en busca de alguna señal de quistes, flujo irregular, verrugas u otro tipo de padecimiento. Después insertará un **espéculo** en tu vagina (que es un objeto metálico que parece pico de pato) para abrirla un poco y observar el interior.

Se asegurará de que no haya algo fuera de lo normal en el cuello uterino y utilizará una pequeña espátula larga y angosta, y un pequeño cepillo para tomar una muestra de células, que por lo regular pondrá después en un envase de vidrio que contiene un fluido para enviarlo al laboratorio. Este examen también se llama **papanicolaou**, y su objetivo es detectar células precancerígenas en el cuello uterino (algo muy improbable a tu edad, pero más vale prevenir que lamentar). Si tienes una vida sexual activa, díselo al médico, pues quizá también querrá tomar una muestra para descartar ITS. Luego sacará el espéculo y con los dedos palpará el interior de tu vagina y tu vientre bajo para sentir tus ovarios y asegurarse de que tus órganos se están desarrollando de manera normal. Es posible que también introduzca el dedo por el recto, aunque esto no es tan común, pero lo hace para ver si hay algún tumor detrás del útero, en la pared inferior de la vagina o en el recto. Si esto te hace sentir incómoda, no dudes en decírselo. No te librarás del examen, pero te hará sentir mejor decírselo, y si sabe que estás nerviosa, seguramente será extra cuidadoso y tratará de tranquilizarte.

Examen masculino

Si eres chico, las cosas son mucho más sencillas. A menos de que esté pasando algo realmente extraño, no será necesario que visites a un especialista, sino que puedes ir a tu médico general. Además de realizarte un examen de rutina, palpará tu pene y tus testículos para asegurarse de que se están desarrollando de manera normal y para detectar cualquier cosa fuera de lo común, como un crecimiento anormal de células que podría convertirse en un tumor cancerígeno.

No te avergüences mucho si sientes alguna excitación durante el examen, ya que es normal que esto ocurra cuando alguien te toca el pene. Si tienes una vida sexual activa, deberás decírselo al médico, quien quizá quiera realizarte algunas pruebas en busca de ITS. Anteriormente estas muestras no eran agradables, puesto que debían introducir un hisopo por el meato, pero hoy en día solo suelen mandarte a hacer análisis de sangre y orina.
¡Así de fácil!

Ama tu cuerpo

Ahora ya conoces los detalles de tu anatomía reproductiva. Pero ¿te sientes bien con tu apariencia? Si eres como casi todos los chavos, lo más probable es que no estés satisfecho con tu cuerpo, pero recuerda que esa actitud es resultado de leer todas esas columnas de consejos sobre los "Diez mejores trucos para ser más guapo que Luis Miguel" o las listas de "Las actrices más hermosas de todos los tiempos".

No olvides que hay muchas definiciones de belleza y que debes amar tu cuerpo porque es increíble y es el único que tienes (a menos de que tengas el superpoder de transformarte en otras criaturas, lo cual sería divertido hasta que algún científico te llevara a un laboratorio para estudiarte).

Si te estás preguntando si esa persona especial te considera guapo o guapa, ten en mente que a todos nos atraen cosas diferentes. De hecho, seguramente ya te diste cuenta de que te gustan las niñas con lentes y cabello lacio, o los chavos con piernas flacas o espaldas anchas. Algo tan pequeño como la forma de su oreja puede ser lo que te fascine, así que cuando pienses en cuánto les atraes a otros, recuerda que hay muchas cosas que pueden enloquecer a los chavos y las chavas además de un abdomen de acero y una piel perfecta.

Está bien que te preocupes por tu salud y por hacer ejercicio, pero no sirve de nada que te obsesiones con las partes de tu cuerpo que no puedes cambiar. Una de las cosas que hace más sexis a las personas es la seguridad en sí mismas. Otra es su habilidad para las matemáticas.

Mantén un peso saludable

Es importante mantenerse en un peso saludable, pero muchas personas tienen una mala alimentación, no hacen ejercicio, o su estilo de vida les hace tener unos kilitos de más que pueden generarles inconformidad con sus cuerpos.

Cómo lidiar con la obesidad

Como sabes, la sociedad moderna tiene un gran problema de obesidad (o sea que hay mucha gente con sobrepeso). Esta puede causar muchos problemas de salud, como enfermedades del corazón, diabetes tipo 2 o apnea del sueño (problemas para respirar al dormir). Es algo que afecta cada vez más a los chavos, pero ¿por qué?

En esta época es más común que los niños coman comida chatarra y que hagan menos ejercicio, y estas dos razones hacen que se vuelvan obesos. Después crecen y se convierten en adolescentes con sobrepeso.

¿Qué puedes hacer al respecto? Si tienes este probelma y quieres empezar a ponerte en forma, procura comer solo las porciones recomendadas, lee las etiquetas de los alimentos para evitar las grasas saturadas, aléjate lo más que puedas de la comida rápida y haz algo de ejercicio de manera regular. Puedes irte caminando a la escuela en vez de ir en transporte, entrar a algún equipo deportivo o esforzarte un poco más en la clase de deportes.

Dietas que matan

Muchas chavas (y algunos chavos) se obsesionan con estar delgados y desarrollan desórdenes alimentarios. Los dos más comunes son la anorexia y la bulimia. La **anorexia** es restringir lo que comes hasta casi morir de hambre. La **bulimia** consiste en comer en exceso (por lo regular en secreto), para luego obligar al cuerpo a eliminar la comida a través de métodos dañinos, como vomitar, tomar laxantes o hacer demasiado ejercicio. Estos desórdenes llegan a ser muy peligro-

sos, en especial porque se pueden desarrollar los dos al mismo tiempo. En Estados Unidos, 10 de cada 100 chicas padecen alguno de ellos, y en México 9 de cada 10 personas con un desorden alimentario son mujeres.

Dejar de comer puede causar todo tipo de complicaciones que pongan en riesgo tu vida, y vomitar en exceso puede eliminar los electrolitos que el cuerpo necesita y obligar al corazón a esforzarse más, hasta provocarte un paro cardiaco. La única forma de superar estos desórdenes es por medio de ayuda, ya sea la de un terapeuta o la de un grupo de apoyo.

Te preguntarás cómo se originan. Hay varias razones. En algunos casos las personas con desórdenes alimentarios ven una imagen distorsionada de sí mismas cuando se miran al espejo y creen estar más "llenitas" de lo que en realidad están. En otros casos, dichos trastornos son una forma de tener control sobre algún aspecto de su vida. También influyen la personalidad, el medio ambiente y la genética. Si crees que puedes tener algún desorden alimentario, háblalo con alguien cuanto antes. No es una sentencia de muerte, y con la ayuda adecuada podrás superarlo. Si tienes algún amigo o amiga con este problema, lo mejor que puedes hacer es estar a su lado y hacerle saber que necesita cuidarse a sí mismo. Apoya su recuperación, no su enfermedad.

Aumento de senos

Si tus senos son grandes, es posible que los ames... ¡o los odies! Algunas chicas con senos grandes afirman que les llega a doler la espalda o se sienten incómodas y, a diferencia de lo que se pueda creer, el interés extra que generan no siempre es algo que deseen. En estos casos, algunas optan por una reducción de senos. Por lo regular es una operación de rutina muy segura, y quienes se someten a ella aseguran sentirse más livianas y libres después de la reducción. También las mujeres que tienen un seno mucho más grande que el otro pueden hacerse esta cirugía, así como los hombres a los que, en ocasiones poco comunes, les crecen los pechos.

Si tus senos son pequeños, puedes llegar a pensar que no estás al mismo nivel que las demás. Pero *piénsalo dos veces* antes de salir corriendo en busca de un cirujano plástico. Es un mito que a los chavos solo les gustan los senos grandes (les gustan de todo tipo), y la cirugía de aumento de senos implica muchos riesgos y peligros, por lo que no es una decisión que deba tomarse a la ligera. La mayoría de las chavas no está contenta con su cuerpo, pero espérate unos años.

A menos de que un especialista (no solo un cirujano plástico) te recomiende la operación, debes esperar a que tus senos terminen de crecer antes de someterte a cualquier tipo de cirugía de aumento.

Todas mis amigas están a dieta. Yo no creía estar gorda, pero como todas hablan de la talla que usan y se pellizcan la panza entre sí, empecé a darme cuenta de que estoy más llenita que ellas. He oído que se pueden tomar laxantes, y aparte algunas de las chavas toman productos para bajar de peso. ¿Cuál de estas opciones sería la más segura para mí?

Ninguna lo es. Tomar laxantes para bajar de peso es muy dañino y puede ocasionar problemas estomacales o intestinales. Las pastillas para bajar de peso pueden parecer una solución rápida, pero algunas personas se vuelven dependientes de ellas. Las dietas estrictas, en las que limitas la cantidad que comes para perder peso rápidamente, afectarán tu metabolismo y te harán subir de peso aún más cuando regreses a tu rutina alimenticia, aunque sea la más saludable.

Desde niñas se nos dice que para ser atractivas necesitamos ser tan delgadas como las estrellas de Hollywood, pero esto es falso. Habla con tu doctora. Si te dice que tienes sobrepeso, pídele recomendaciones para bajarlo de forma saludable. Si te asegura que tu peso es el adecuado, sigue con tus hábitos normales e intenta educar a tus amigas antojadizas.

Creo que mi pene es pequeño. Aún no he tenido relaciones sexuales, pero temo que las chavas no quieran hacerlo conmigo cuando lo vean. ¿Es cierto que les gustan más los hombres con penes grandes?

A algunas sí, así como a algunos chicos les gustan los senos grandes, pero es algo muy personal. A algunas chavas no les gustan en lo absoluto. Así como hay penes de todos tamaños, las vaginas también tienen diferentes profundidades, por lo que no todas las chavas se sienten cómodas con los penes grandes. Que tu pene sea un poco más pequeño que el de un actor porno no significa que tu vida sexual esté condenada al fracaso.

Lo más importante es que te sientas bien con tu cuerpo. Si te obsesionas pensando en que lo tienes chiquito, tus temores pueden desanimarlos a ambos. Así que relájate y ten confianza en ti mismo, y de este modo encontrarás una chava a tu medida.

Los vestidores de mi escuela no son individuales, ni siquiera las regaderas. Es muy incómodo porque soy abiertamente gay, y me preocupa que los chavos crean que estoy interesado en ellos. Usan las toallas mojadas para darse nalgadas entre ellos y hacen bromas sobre sus penes, pero cuando entro a las regaderas todos voltean a verme y se salen. ¿Qué puedo hacer?

Es difícil estar en una situación desagradable de la que solo podrías salir si ya no estuvieras en la prepa. Puedes decirles que se alivianen porque no te interesa ponerles una mano encima, aunque es posible que no sepan manejar la situación, sobre todo si están desnudos. Lo más probable es que tengas que seguir con tus actividades normales. Después de hacer deporte, tienes tanto derecho y necesidad como ellos de tomar una ducha y quitarte el olor a sudor. Siéntete cómodo contigo mismo e intenta recordar que es su problema y que olerás mejor que cualquiera de ellos durante el resto del día. Si todo sale bien, en tres años habrán desaparecido de tu vida.

Estoy un poco pasada de peso y me da mucha pena que mi novio me vea desnuda. Dice que no le importa, pero me falta confianza en mí misma. Me pidió que le diera unas fotos mías desnuda que pueda mirar hasta que esté lista para tener intimidad con él. Prefiero hacer esto, porque así no veré su cara de decepción si no le gusto, pero no quiero enviárselas a través del celular o por Internet. ¿Me meteré en problemas si las imprimo para dárselas?

Sí, puedes meterte en muchos problemas. Son cada vez más las agencias policiales encargadas de perseguir el delito de pornografía infantil, que es cualquier fotografía sexual o de desnudo de personas de menos de 18 años. (Encontrarás más información al respecto en el capítulo 10.) Da lo mismo si es por celular, por Internet o si las imprimes. No solo los chavos que toman estas fotos se meten en muchos problemas, sino que cualquier persona que las tenga puede ser acusada de posesión de pornografía infantil y ser señalada como delincuente sexual. Además es un gran riesgo darle a alguien una fotografía de ti desnuda, porque quizá tú y tu novio terminen su relación algún día, y no sabes si él o alguien más pueda usarla después para perjudicarte.

La pregunta es: ¿por qué no amas tu cuerpo? Deberías hacerlo, sin importar lo que tu novio pueda pensar de él.

Soy una chica a la que hace poco le empezaron a salir pequeños vellos negros en los pezones. ¡Ayúdenme! ¿Por qué me está pasando esto y cómo puedo detenerlo?

Quizá no es la respuesta que esperas... pero no puedes evitarlo. Así son las cosas. Tus hormonas están cambiando, y a veces eso significa que te saldrán vellos en los pezones, lo cual es mucho más común de lo que crees. Quitártelos con pinzas puede irritar los folículos del pezón, así que si realmente te molestan, puedes cortarlos con tijeras o ir con un dermatólogo que te recomiende otras alternativas para eliminar el vello de esa zona.

Estoy muy plana. Todas mis amigas ya usan bra, pero yo no lo necesito. ¿Está bien no usarlo? ¿La gente se da cuenta?

Los bras no son necesarios para el desarrollo adecuado de los senos, pero son muy útiles porque ofrecen soporte a las mujeres que desean mantenerlos cerca del cuerpo, pueden hacerte ver diferente si tienen relleno y varillas, y evitan que tus pezones te hagan pasar un momento vergonzoso. Si no quieres usarlos, no tienes que hacerlo. Si te preocupa que la gente se dé cuenta, procura utilizar telas gruesas, pues es más probable que tus pezones se noten a través de la ropa delgada. No es mala idea que tengas un bra a la mano o una blusa de tirantes ajustada, en caso de que quieras usar ropa delgada o una prenda con mangas anchas. También los bras deportivos son muy buenos si practicas algún deporte o actividad física.

No hay preguntas tontas... excepto esta

Como hombre, me encanta tocar senos, pero las chavas siempre me rechazan. ¿Podré ponerme implantes?

Capítulo 2
Identidad sexual

¿Quién soy?

La sexualidad es más que solo tener sexo. Se trata de entender tu **orientación sexual** (o sea, hacia quién te sientes atraído) y tu **identidad de género** (es decir, con qué género te identificas). Hay quienes lo tienen muy claro desde que son pequeños: eres chavo, te gustan las chavas y nunca has pensado que pueda ser distinto. Para otras personas quizá parezca confuso y aterrador al principio. A lo mejor eres una chica a la que le gustan otras chicas, pero no estás segura de que eso esté bien. O tal vez eres un chavo que en realidad no se siente como chavo, y no estás seguro por qué.

La buena noticia es que la sociedad está cada vez más dispuesta a hablar de forma abierta sobre la orientación sexual y la identidad de género. O sea que la gente finalmente comienza a entender que está bien ser quien eres y sentirte atraído hacia quien te guste. Es parte de la naturaleza humana, y es normal e increíble. Lo importante es que te sientas bien contigo mismo y con las personas que son distintas a ti.

¿Qué es la orientación sexual?

La **orientación** o **preferencia sexual** indica hacia quién te sientes atraído sexualmente. Es también con quién te emocionas, con quién quieres salir, de quién te enamoras, e incluso con quién deseas pasar tu vida. La mayoría de las personas entra en una de estas categorías: **homosexuales** (personas que se sienten atraídas hacia otras de su mismo sexo, también llamadas *gays* o *lesbianas*), heterosexuales (personas que se sienten atraídas hacia el sexo opuesto, alias *heteros*) o bisexuales (personas que se sienten atraídas hacia ambos sexos, o también conocidos como *bis*). Las lesbianas, gays, bis y personas transgénero suelen identificarse como **LGBT** o *queer*.

Te preguntarás qué determina la orientación sexual. Los científicos e investigadores siguen estudiando el tema, pero muchos de ellos creen que al menos se decide en parte mientras aún estás en el vientre materno. Esto no quiere decir que cuando naces ya estás listo para tener sexo (independientemente de lo que le presumas a tus amigos), sino que tu preferencia sexual se está desarrollando incluso desde antes de que nazcas. Conforme creces, algunos factores ambientales también pueden influir en tu sexualidad, y si naces con la tendencia redundante de sentirte atraído hacia ambos géneros, como le ocurre a mucha gente, descubrirás que tu sexualidad es fluida, o sea que tus preferencias cambiarán en el transcurso de tu vida.

¿Hetero, gay o lesbiana?

Algunos saben desde el principio si son hetero o gay. Para otros puede ser más confuso: un día eres de una forma y al siguiente de otra. La prepa no es precisamente el mejor lugar para definir tu sexualidad, porque hay mucha presión para ser de cierta forma y pertenecer a un grupo. No te preocupes: lo más probable es que con el tiempo será más fácil definir tu orientación y entenderte mejor a ti mismo en general.

Es importante que recuerdes que para algunos la sexualidad es fluida y que las preferencias pueden cambiar. Quizá conozcas a alguien que se sentía hetero hasta los 20 años, y después cambió y empezó a salir con personas del mismo género. También puede pasar lo contrario. No tiene nada de malo que cambies de bando en el transcurso de tu vida.

¿Y si me gustan los dos bandos?

Quienes se sienten atraídos hacia ambos géneros (¡qué afortunados!) suelen considerarse **bisexuales.** En la Grecia antigua, ser bisexual era muy popular, y en la actualidad es algo que ocurre con bastante frecuencia. Mientras que la mayoría de nosotros sentimos una fuerte preferencia por un sexo u el otro, muchas personas admiten que han tenido experiencias sexuales con ambos géneros.

Como todo, tu nivel de bisexualidad puede cambiar a lo largo de la vida, y habrá etapas en las que te sientas más hetero y otras en las que te sientas más gay que bisexual. Aun si estás seguro de ser gay, puede darte curiosidad saber cómo es el sexo heterosexual. También es perfectamente natural, si te consideras del todo hetero, encontrarle algo atractivo a alguien de tu mismo género, incluso si no haces nada al respecto. Después de todo, tiene las mismas partes que tú, y tú te consideras sexy, ¿no?

¿Qué significa ser transgénero?

Otra de las cosas que tenemos que enfrentar, sobre todo cuando somos chavos, es el género. La mayoría de los que nacen niños se sienten niños, así como la mayoría de las niñas que nacen niñas se sienten como tales (sin importar si son gay o hetero). Pero algunas personas no se identifican con el género que se les asigna cuando nacen. También están las que se identifican con más de un género o con ninguno. Aquellas que cambian su apariencia exterior para que coincida con quien sienten que son suelen considerarse transgéneros (de ahí la T en LGBT). El término **transgénero** (o *trans*) es muy amplio, así que algunas personas utilizan términos más específicos para describirse, como *hombre trans, mujer trans* o *intergénero*. Quienes han tomado hormonas o han tenido cirugías que les ayudan en su transición pueden preferir el término *transexual,* pero otras lo consideran ofensivo y más bien de uso en la comunidad médica. Como sea, la palabra que cada quien elige para describir su identidad de género puede ser algo muy personal y no necesariamente estar ligado a un procedimiento médico.

La decisión de cambiar de género

¿Cómo se cambia de género? Algunas de las personas que cuestionan su género comienzan por vestirse con prendas del sexo opuesto, por lo regular en la tranquilidad de su habitación, para saber cómo se ve y se siente. Luego pueden salir así al mundo e incluso cambiar de peinado y de nombre, y hasta utilizar el pronombre (él o ella) de su nuevo género. Después de vivir como el género opuesto durante un tiempo, el siguiente paso puede ser una mayor transición física. Es un proceso complejo que involucra hablar con un terapeuta durante algún tiempo para asegurarse de que es la decisión correcta. También puede incluir terapia hormonal, cirugía o ambas. Cada quien debe decidir en un momento dado lo que le conviene a nivel físico y económico (no todas las personas trans pueden pagar una cirugía costosa).

Puede ser una época difícil para las personas transgénero, quienes suelen pasar por un periodo en el que se cuestionan si tienen un problema o si algo está mal. No hay reglas específicas sobre lo que debes hacer si te identificas con el sexo opuesto. Hay quienes ocultan su deseo de pertenecer al otro sexo, que es como ser gay y estar en el clóset, pero un clóset que está lleno de la ropa de alguien más.

Es terrible no poder vivir de la forma en la que te sientas más cómodo (con la ropa y el estilo de vida de alguien del género opuesto) por miedo a que te juzguen o te traten mal. La esperanza es que, con el amor y apoyo de tus amigos y familia, tendrás el valor para vivir con el género con el que más te identifiques.

El problema de salir con dos a la vez

Si eres hetero o estás en una relación con alguien del sexo opuesto, y decides que quieres experimentar la bisexualidad, no des por hecho que a tu pareja le parecerá bien solo porque se trata de alguien de tu mismo sexo. A menos de que tu novio o novia te dé permiso explícitamente para que experimentes fuera de la relación, se considerará una infidelidad, sin importar con quién lo hagas. ¿Crees que estaría bien acostarte con una pelirroja a espaldas de la rubia con la que estás saliendo? No, ¿verdad? Es lo mismo. Los límites son claros. Así que, si decides tener una experiencia sexual con alguien más (aunque solo sea para probar), necesitas discutirlo con la persona con la que estás saliendo.

Cirugía de cambio de sexo

Si has pensado en una cirugía de cambio de sexo, querrás hablar al respecto con un profesional capacitado para que responda todas tus dudas, así como con un terapeuta confiable y preparado que se especialice en pacientes trans. La cirugía es un gran paso, y necesitarás rodearte de personas que entiendan por lo que estás pasando. A grandes rasgos, así funcionan estos procedimientos. Si una mujer se convierte en hombre, la primera cirugía consiste en la reducción de los senos y hacerlos que se parezcan al pecho de un hombre. El médico le recetará testosterona para que el clítoris se haga más grande, como si fuera un pequeño pene. Después, si el paciente quiere la cirugía genital, el doctor usará el tejido del clítoris para formar un pene. Aunque todavía no es una cirugía perfecta y el nuevo pene no será semejante a un pene biológico, la ciencia sigue investigando sobre el tema, y se espera que en los próximos años sea más efectiva.

En el caso de hombres que desean ser mujeres, la persona comenzará a tomar hormonas que hagan que le crezcan los senos, o se pondrá implantes. Para crear la vagina, el médico usa la piel del pene para formar los labios y las paredes vaginales.

Esta operación implica la creación de una cavidad vaginal, así que después de la operación la mujer deberá insertar en su nueva vagina un objeto con forma de *dildo* (o pene falso, mira el capítulo 6) para asegurarse de que sane bien.

Tanto los hombres como las mujeres que han pasado por esta cirugía pueden tener vidas sexuales completas, sensación total en sus nuevos genitales y alcanzar orgasmos.

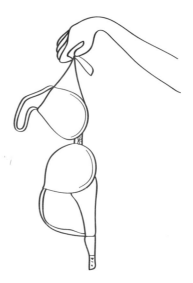

¿Qué es un travesti?

También se les llama *crossdressers*, y son personas que disfrutan vestirse con la ropa del sexo opuesto. No necesariamente son gays o transgénero. De hecho, ¡87% son heterosexuales! Algunos chavos simplemente disfrutan jugar a vestirse y actuar como mujeres (aunque también puede ser un fetiche), o les gustan los estilos y la comodidad de la ropa femenina. Lo mismo aplica para las chavas que se visten con ropa de hombre. También hay quienes se visten con la ropa del sexo opuesto para dar un *show*, llamados **drag queens** (hombres vestidos de mujer) y **drag kings** (chavas vestidas de hombre).

¿Y si me etiquetan o encasillan?

Con tantas definiciones de identidades, es posible que quieras ponerles etiquetas a todos. Estas pueden ser un poco molestas cuando son ciertas (como cuando le dices "enano" a un amigo no muy alto), pero lo son mucho más cuando están mal (si eres hetero y todo mundo dice que eres gay, o a la inversa). La verdad es que a las personas les encanta etiquetar, porque creen que si descifran quién eres están más cerca de descifrarse a sí mismas (aunque no siempre es así).

Al parecer en cada grupo siempre hay un amigo del que todos piensan que es gay y no ha salido del clóset. Puede jurar sobre su torre de revistas porno que le gustan las mujeres, y sus amigos no le creerán, porque dicen que "nunca ha tenido novia" y "le encanta bailar canciones de Madonna mientras arregla su cuarto". Aunque sea cierto, no por eso es gay. Lo mismo pasa con las chavas a las que les dicen marimachas porque les gustan las actividades masculinas. Y recuerda, no porque a una chica le guste el maquillaje y a un chico los deportes, significa que ambos son necesariamente heterosexuales.

A la sociedad le gusta encasillarnos, pero ¿qué crees? Ni los arcoíris, ni el futbol, ni los *mullets* te hacen gay, hetero o trans. (por cierto, los *mullets* son de pésimo gusto. Siempre.) Hazte el favor de ya no darle tanto valor a lo que la sociedad piensa de ti y preocúpate por cosas más importantes, como quién eres en realidad... o cuáles son las celebridades más sexis del momento.

Homofobia

Aunque nos encantaría que homofobia fuera el nombre de una fabulosa fiesta gay en la que tocara un famoso grupo de rock, en realidad es algo muy desagradable. Es un tipo de discriminación que incluye agresiones físicas o verbales hacia quienes son (o se piensa que son) gays, lesbianas, bisexuales o transgénero. Puede ir desde los apodos hasta los actos violentos. A los chavos y chavas gay se les llega a llamar "maricones" y "machorras", o cosas mucho peores, y se les suele decir que son asquerosos y que Dios los odia. A veces hasta los papás (que deberían mostrar su apoyo) participan en estas expresiones de odio.

Cuando te acosan o agreden por tu orientación sexual o identidad de género, se le considera un crimen de odio. Aunque han ocurrido asesina-

¡JURO POR MIS REVISTAS PORNO QUE NO SOY GAY!

Estar en el clóset

Supongo que has oído que esta frase se usa para describir a quienes no hacen pública su orientación sexual. Deriva de la expresión "tener esqueletos en el clóset", que significa que hay algo vergonzoso en tu vida que deseas ocultar. Se empezó a asociar con la gente que no es abiertamente gay después de la Segunda Guerra Mundial, cuando se extendió el miedo de que los homosexuales (y los comunistas) destruirían el mundo que conocemos. En esos tiempos, era común que de repente arrestaran a alguien por ser gay y no se le permitiera hacer su vida cotidiana, ni siquiera trabajar. Así que tenían que quedarse "en el clóset" con respecto a su sexualidad. Quizá esto explicaría por qué las casas que se construían entonces tenían clósets muy grandes.

tos de estudiantes en varios lugares por su preferencia sexual, y los países y estados han creado leyes más estrictas con castigos más duros, este tipo de crímenes sigue ocurriendo con frecuencia. Ni la orientación ni la identidad hacen a una persona mala. Si parte de ser LGBT implicara ahogar gatitos, la historia sería diferente, pero no es así. De hecho, mucha de la gente LGBT adora a los gatitos.

Haz algo bueno por ti y por toda la humanidad, y declárate en contra de la homofobia cuando veas que alguien la ejerce. Ah sí, y adopta un gatito.

¿Eso qué significa?

Orientaciones sexuales

• **Heterosexuales.** Personas que se sienten atraídas hacia el género opuesto.

• **Homosexuales.** Mujeres a las que les gustan otras mujeres (lesbianas) y hombres que se sienten atraídos por otros hombres (gay). El término *gay* también se usa a veces para referirse a las lesbianas.

• **Bisexuales.** Personas que se siente atraídas hacia ambos géneros.

• **Pansexuales (u omnisexuales).** Personas que se sienten atraídas hacia todos. Son distintas a las bisexuales porque no hacen distinción entre géneros, y también les gusta la gente que no se identifica con ningún género. (El nombre no tiene nada que ver con que les gusten las baguettes o el pan dulce, ¿eh?)

• **Asexuales.** A diferencia de los pansexuales, no se sienten atraídos sexualmente hacia nadie. Suelen relacionarse con otros asexuales, e incluso se casan o viven muy felices juntos sin tener relaciones sexuales.

Identidades de género

• **Cisgénero.** Son personas que se sienten cómodas con el género que se les asigna al nacer.

• **Transgénero.** Son quienes sienten que hay una diferencia entre el género con el que nacieron y aquel al que en realidad pertenecen. En esta categoría suele incluirse a los transexuales, a algunos asexuales y a las personas intergénero. Mucha gente transgénero se identifica solo como trans.

• **Transexuales.** Son personas que sienten que nacieron con el sexo equivocado y deciden vivir como alguien del sexo opuesto. Muchas también se identifican como *trans* o *transgénero*, o según el género con el que viven.

• **Intersexuales.** Es cualquiera que nazca con cromosomas sexuales atípicos o una anatomía sexual distinta a la que convencionalmente consi-

deramos masculina o femenina. Por ejemplo, alguien intersex puede parecer mujer por fuera y tener genitales masculinos, o al revés, o bien sus genitales pueden parecer algo entre un pene y una vagina.

• **Intergénero (o *genderqueer*).** Son quienes no se identifican con el género asignado, pero tampoco quieren hacer la transición al opuesto. Rechazan las ideas tradicionales de género y sienten que no hay una sola etiqueta que pueda describir su experiencia. Pueden sentir que no son hombres ni mujeres, o que son tanto hombres como mujeres, o bien estar en medio. También se les llama *tercer género, bigénero, multigénero* o *gender benders*.

¿Y ahora qué hago?

Es posible que en este momento tengas tanta información que no sepas qué hacer con ella. Tal vez te sientas abrumado y creas que tienes que escoger una etiqueta para describirte, o quizá ya sabes quién eres y solo te da gusto aprender más sobre los demás. Ambas cosas son aceptables, pero si te sientes confundido y te angustia tu orientación sexual o tu identidad de género, trata de guardar la calma y recuerda: no importa cuánto tiempo te lleve definirte, no hay nadie detrás de ti esperando su turno en la fila.

Mi mejor amiga ha estado portándose rara últimamente. Hace unas semanas se quedó a dormir en mi casa, y estábamos jugando cuando empezó una canción de dos chavas que se besan, así que nos besamos. A mí me dio risa, pero después ella parecía estar enojada. Ahora me evita en la escuela, sin embargo no deja de mandarme mensajes por el celular luego de haberme dicho que teníamos que hablar. Le insisto en que si realmente quiere hablar debe dejar de ignorarme en la escuela, pero lo sigue haciendo. No soy tonta y sé que es probable que yo le guste, o algo así. No sé por qué se porta tan mala onda conmigo y luego trata de que hablemos cuando estamos solas. ¿Qué puedo decirle?

Es difícil saber lo que está pensando si no se lo preguntas, pero es posible que tu amiga esté confundida por lo que sintió después de ese beso. Necesitas que te diga si lo que siente es de amigas o algo más. Tal vez le preocupa que tú seas quien está enamorada y que si te trata bien lo malinterpretes. Quizá sí le gustas. O a lo mejor solo le preocupa que su amistad cambie por culpa de ese beso. Estas cosas pasan mucho en las películas, pero en esos casos todo suele resolverse en más o menos hora y media.

Lo más fácil es que se vean después de la escuela para que hablen tranquilas. No tiene caso que te quedes sentada imaginando qué ocurrirá si te ha ofrecido que se lo preguntes cara a cara. Antes de que platiquen, piensa en todo lo que podría decirte y cómo te haría sentir cada opción. Si eran amigas tan cercanas como para darse ese beso, seguramente serán capaces de hablarlo sin problema.

Mi papá era heterosexual cuando estaba casado con mi mamá, pero salió del clóset cuando terminaron. Un año después, volvió a ser heterosexual. No entiendo. ¿Es gay o hetero?

No es útil encasillar a la gente como gay o hetero porque la sexualidad es complicada. Por eso, algunas personas van de una preferencia a otra a lo largo de su vida. La explicación más probable acerca del comportamiento de tu papá es que sea bisexual. Quizá con el tiempo decida quedarse en un bando o seguir jugando para ambos, pero por ahora me parece que estás aceptando su cambiante sexualidad y eso es lo más importante. Ojalá él sea igual de comprensivo y paciente cuando te toque definir muchas cosas en tu vida.

Mi hermano y yo tenemos un compañero en la escuela que es abiertamente gay. Se la pasa burlándose de todos y ya no lo aguantamos. Mi mamá dice que tenemos que ser amables con él porque está mal ser groseros con los gays. ¿Por qué los gays son tan mala onda?

Todos sabemos que también hay muchos heteros que son mala onda, así que hablemos claro: ser así es una característica universal que no tiene que ver con la orientación sexual. Quizá es difícil enfrentarse a este chavo, pero no es por su sexualidad. Incluso si se enoja y está a la defensiva porque lo molestan mucho (seguramente tú también te pondrías igual), no tiene derecho a ser un patán. También pueden molestar a alguien que no sea tan alto como los demás, pero no por eso se puede dar el lujo de ser grosero.

Tal vez sería más amable contigo si tú lo fueras con él. Si quieres probar esta teoría, inténtalo unos días y observa si cambia su modo. Si se sigue comportando igual, al menos puedes dejar de pensar que es así por ser gay y que solo es un patán cualquiera. Abre tu mente, y quizá el próximo chavo gay de tu escuela podría convertirse en tu nuevo mejor amigo.

En las fiestas, los chavos de mi escuela se la pasan retando a las chavas a que se besen entre ellas o a que se hagan otras cosas mientras las observan. A veces yo lo hago porque todas las demás también lo hacen. ¿Significa que soy bisexual?

Por alguna razón, a los chavos hetero les provoca mucho interés ver a las chavas besarse y acariciarse. No suele importarles mucho si no participan en la acción. Haz la prueba: di la palabra "lesbiana" frente a un grupo de chavos hetero y ¡ZAZ!... parecerá que estás rodeada de casas de campaña recién levantadas. Por eso algunos intentan que las chicas se besen enfrente de ellos. (Si eres chavo, déjame decirte que es una de las cosas más *loser* que puedes hacer.) Aunque experimentar es algo bueno porque te permite descubrir lo que te prende, hacer cosas por aceptar un reto es tonto y poco sano. Tal vez te guste que los chavos se exciten al mirarte, pero no quieres perderte el respeto si después le cuentan a otros lo que pasó en la fiesta. Besa y acaricia a alguien porque ambos quieren, no porque algún idiota te lo pide.

En cuanto a ser bisexual, besar a otra chava no te convierte en bi, así como comer brócoli no significa que eres vegetariana. Ahora bien, si en la fiesta ves a una chica con la que quieres coquetear (sin que haya un reto de por medio), quizá sí eres bisexual.

Soy gay, tengo 16 años y salí del clóset desde hace un año, pero mi familia no lo sabe aún. Llevo nueve meses con mi novio, pero mis papás creen que solo es mi amigo, y temo que si les digo la verdad ya no me dejen salir con él. Tampoco tengo idea de cómo decirles que soy gay. ¿Qué hago?

Enterarte de que tu hijo es gay o tu hija lesbiana (o transgénero, en todo caso) no es tan difícil para algunos padres, pero sí puede ser un *shock* para otros. Es algo que provoca todo tipo de emociones. Tal vez se saquen de onda al principio, pero

es posible que, después del susto, tus papás te acepten como eres. (También pasará un tiempo antes de que puedas volverlo a invitar a quedarse a dormir en tu casa, pero sería igual si fueras hetero y tuvieras novia.) Con algo de paciencia (y después de varias conversaciones amables), es casi un hecho que todo volverá a la normalidad. Si te preocupa que lo sepan, haz un plan para írselo diciendo a un familiar a la vez. Quizá se te ocurra que anunciarlo frente a toda tu familia en la cena de navidad sea una buena idea, pero piénsalo dos veces.

Sin duda hay excepciones. Algunas familias reaccionan mal cuando re-

Soy mujer y me gusta mucho jugar futbol, levantar pesas y arreglar mi auto los fines de semana. ¿Crees que quizá soy trans?

Que seas una chava a la que le gusta derrotar a las otras en futbol (o un chavo al que le gusta usar vestidos en las fiestas de disfraces) no significa que seas trans. La verdadera señal sería que desearas ir por la vida con una identidad de género externa diferente a aquella con la que naciste. No porque seas un poco marimacha o seas un chavo femenino debes ir corriendo al médico en este preciso instante para ponerle fecha a tu operación de cambio de sexo.

ciben la noticia, e incluso llegan a correr a su hijo o hija de la casa, lo envían a un campamento especial para quitarle lo gay o lo agreden física o verbalmente. Si crees que algo así podría ocurrir, es mejor que reconsideres la opción de decírselos mientras sigas viviendo con ellos. En el caso de que decidas contárselos, asegúrate de tener alguien que te apoye para enfrentar lo que ocurra. Puede ser un grupo en favor de los derechos de la comunidad LGBT local (puedes ver la sección "Recursos" al final de este libro) o un adulto comprensivo que pueda intervenir si las cosas se ponen peligrosas.

No hay preguntas tontas... excepto esta

Parece que los gays de mi escuela siempre están rodeados de las chavas más guapas. Si me vuelvo gay por un rato, ¿lograré acostarme con alguna de ellas?

PUES...
¡SOY GAY!

Capítulo 3
Masturbación

El amor más increíble de todos

Ahora que tienes más conciencia de tu cuerpo, hablemos de lo que es realmente tocarlo. Así es. ¡Hablemos de **masturbación**! Tal vez ya sepas que la masturbación es toquetearte de forma sexual para excitarte. Puede hacerse con juguetes especiales o solo con la mano. Es como tener una fiesta privada en la que no tienes que preocuparte por lo que te vas a poner o por asegurarte de que todos recibieron la invitación. También es una de las formas más económicas, seguras y efectivas de satisfacerte si eres chavo o chava.

Si estás pensando en tener relaciones sexuales, masturbarte es la mejor opción para prepararte. La comunicación es la base del buen sexo, pero ¿cómo puedes decirle a tu pareja si lo que hace está bien o mal si no sabes qué es lo mejor para ti? Así que, antes de bajarte los pantalones frente a tu novio o novia, averigua qué le gusta a tu cuerpo.

¿Quiénes se masturban?

Es casi un hecho que tus amigos y tú hablan mucho más de sexo que de masturbación (a menos que lo hagan frente a todos en la cafetería para molestarse unos a otros). Hay mínimo dos razones por las que la gente se espanta y evita el tema. La primera es que antes los médicos argumentaban que no era sano masturbarse. De hecho, entre 1830 y principios del siglo pasado, decían que era "automancillarse" (algo así como contaminarse a uno mismo). Finalmente, en los sesenta, la comunidad médica aceptó que esta práctica era natural y saludable, pero su reputación nunca ha logrado ser muy buena. La gente sigue creyendo que solo los perdedores lo hacen.

Las películas tampoco ayudan mucho. En las pelis más populares, el chavo que se masturba casi siempre es el más teto o el *freak*, todos sus compañeros se enteran y se burlan de él. No por nada tus amigos preferirán aceptar que les gusta ver programas de ciencia en la tele antes que reconocer que también se tocan a sí mismos

Sería útil tener números y otros datos matemáticos que se pudieran ilustrar en una gráfica, así como una maestra con un puntero que nos in-

¡Libertad para masturbarse!

Durante la época victoriana, se creía que la masturbación era poco saludable y con frecuencia se les ponía cinturones de castidad tanto a chicos como a chicas. Estos mecanismos les impedían tocarse o estimular sus genitales de cualquier forma. Si tus amigos te molestan por masturbarte, diles que solo estás siendo agradecido por las libertades que tienes.

dicara cuánta gente se masturba y cuánta no. Por desgracia, no hay estudios definitivos al respecto. El *Reporte Kinsey*, elaborado en la época en la que tus abuelos se masturbaban y que se actualiza de cuando en cuando, afirma que 98% de los hombres y 44% de las mujeres que están estudiando la universidad aceptan que lo han hecho. Desde entonces, miles de científicos han perdido horas valiosas, en las que podrían haberse masturbado, tratando de obtener cifras más precisas.

Dónde, cuándo, por qué y cómo

Aun si te has masturbado o no, es posible que tengas algunas dudas básicas al respecto.

¿Dónde?

Aunque es algo normal, debe hacerse en privado. Si lo hicieras en público, seguro alguien subiría tu foto al sitio web local de delincuentes sexuales, el cual es mucho más exclusivo que la mayoría de las redes sociales, pero no por eso es más probable que logres ligar. Los lugares más comunes y seguros para masturbarte son el baño y tu cuarto. Donde sea que lo hagas, asegúrate de que sea privado y puedas cerrar la puerta con llave.

La tina o la regadera son muy buenos sitios para satisfacerte, pues ya estás desnudo y no hay necesidad de limpiarlo después. Quizá se te ocurra utilizar el *shampoo* o acondicionador para lubricar la zona, pero ten cuidado porque muchos de estos productos, incluso el jabón, causan que la piel sensible de tus partes íntimas se irrite antes de que llegues al clímax. Si es posible, usa saliva o lubricantes a base de agua, y elige productos que no tengan fragancia.

¿Cuándo?

Cuando se te antoje, siempre que estés en un lugar privado y no tengas tarea pendiente.

¿Por qué?

No necesitas tener un motivo. Hay quienes se masturban cuando piensan en el galán de la esquina, en la hermosa reportera del noticiario de la tarde o para matar el tiempo cuando están aburridos.

¿Cómo?

Por fortuna, no tienes que impresionar a nadie más, así que no será tan difícil como crees (a menos de que tengas expectativas ridículamente altas).

La masturbación se trata de autoexplorarte, así que siéntete libre de tocar, acariciar, juguetear y frotar de la forma que se te antoje hasta que descubras lo que te gusta más. Tal vez encuentres una forma específica de hacerlo que te fascine y apliques siempre, o quizá decidas variarle para no perder espontaneidad.

Los apodos de "Manuela"

Hay muchas formas de referirse a la masturbación. Aquí hay algunas de nuestras favoritas:

- Hacerse una chaqueta
- Jugar el deporte blanco
- Pulir el perno
- Hacerse justicia por mano propia
- Tocar la campana
- Hacer manualidades
- Lavar la ropa a mano
- Sacarle brillo al candelabro
- Tocar el contrabajo
- Hacer honores
- Sacudir la carne
- Jalarle el cuello al ganso
- Darse un jalón

Técnicas para los caballeros

Acarícialo, jálalo, frótalo, apriétalo. Todo se vale. También puedes frotar el pene contra el colchón, entre dos almohadas o con alguna prenda de vestir. Solo no uses el suéter de casimir de tu mamá, aunque sea muy suave, porque ni tu familia ni el de la tintorería olvidarán jamás el resultado de tu aventura. Al masturbarte, el pene se pondrá erecto y, después de un rato, podrás tener un

Consejos para ellas

El primer paso es localizar el clítoris, que es un conjunto de miles de nervios reunidos en un nudo más o menos del tamaño de un chícharo, y que está arriba de la uretra (por donde sale la orina). En el primer capítulo encontrarás un diagrama en el que se indica dónde está. A diferencia de cualquier otra parte del cuerpo masculino o femenino, el clítoris solo tiene una función: producir placer sexual. Es como tener una asistente cuya única preocupación es hacerte

sentir bien cuando le haces caso. Hay muchas bromas acerca de lo difícil que es encontrarlo, por lo que a muchas chavas les sorprende lo sencillo que en realidad es. A otras les puede costar más trabajo, sobre todo si lo buscan sin estar excitadas.

Al igual que el pene, el clítoris se llena de sangre cuando empiezas a prenderte. Si es la primera vez que lo buscas, haz algo que sepas que te excitará y comienza a explorar.

Una vez que lo hayas encontrado, puedes tocarlo de muchas maneras, experimentar con diferentes niveles de presión y velocidades, y descubrir cómo te gusta más. También es buena idea usar un lubricante. A algunas chavas les gusta usar distintos tipos orgasmo y eyacular semen. (Si eyaculas otra cosa, como monedas de oro o códigos HTML, busca atención médica de inmediato.)

Puedes rodear el tronco con el puño entero, usar solo el pulgar y el índice si se te antoja algo más delicado, o agarrarlo con la mano volteada para ejercer más presión en la base. Para darle más sabor, usa la mano con la que no escribes y obtendrás una sensación diferente. Algunos le llaman "la zurda", pero es porque evidentemente son diestros.

Aunque promovemos que seas creativo, también debes tener cuidado. Algunos chavos intentan usar diferentes objetos, los cuales a veces causan problemas, como los cítricos, que provocan ardor tanto al exterior como por dentro.

de juguetes sexuales, como *dildos* y vibradores (encontrarás más información sobre ellos en el capítulo 6), o masturbarse en la regadera con la presión del agua que sale del cabezal. Si disfrutas la forma en la que lo estás haciendo, cada vez te excitarás más, tu cuerpo comenzará a ponerse tenso y a sentir placer, e incluso podrás tener un orgasmo. Este ocurre cuando estimulas ciertas partes de tu cuerpo de tal forma que los músculos de tus órganos sexuales tienen espasmos involuntarios. Por lo regular se siente muy bien.

No te frustres si descubres lo que te gusta, pero no logras el mismo resultado la siguiente vez. ¿Acaso usas la misma ropa o comes lo mismo todos los días? Entonces, ¿por qué habrías de masturbarte de la misma forma siempre?

Algunas chavas que se masturban mucho o se acostumbran a usar juguetes que ejercen mucha presión sienten que no pueden alcanzar el orgasmo si no se frotan con fuerza y durante un buen rato. Por fortuna, tu clítoris no se va a romper, pero si has llegado a un punto en el que tu mano ya no está a la altura de lo que tu cuerpo necesita, disminuye la intensidad por un momento. Frótate con suavidad y concéntrate en todo el proceso, no solo en el resultado.

El momento sexy de tus sueños

Érase una vez que se les decía a los jóvenes que si tenían "emisiones nocturnas" (sueños eróticos que provocan un orgasmo) se volverían locos o se les caería la piel. Esto provocaba pánico entre la gente, porque casi nadie controla sus sueños, además de que los sueños húmedos son parte normal del desarrollo. La buena noticia es que no perderás la cabeza si tienes un orgasmo mientras duermes. Aunque tanto los chavos como las chavas tienen sueños eróticos, solo ellos tendrán que limpiar el desorden después. Así es, lo único malo de los sueños húmedos es que los chavos tienen que cambiar sus sábanas más seguido. Si eres hombre, hazles un favor enorme a tus papás y empieza a lavar tu propia ropa. Ya estás grandecito, ¿no?

Cuidado con el apretón de la muerte

Es un error común que cometen los chavos que aplican demasiada presión durante sus aventuras en solitario. Cuando empiezan a ser sexualmente activos, sus penes están acostumbrados a un estilo de masturbación riguroso que la mayoría de sus parejas no podrá igualar. Por eso no pueden alcanzar el clímax o incluso excitarse a menos de que su pene esté prensado y sea jalado a 100 km/h. Claro, habrá veces en las que tengas solo un ratito y el apretón de la muerte cumpla su función, pero asegúrate de variarle y permitirle a tu pene experimentar sensaciones más delicadas y suaves.

¿Qué es un orgasmo?

Es lo que ocurre cuando se estimulan de forma adecuada ciertas partes de tu cuerpo durante la actividad sexual, y los músculos de los órganos sexuales tienen contracciones involuntarias, rápidas y rítmicas. El cerebro libera endorfinas que provocan una repentina euforia. También es posible que otras partes de tu cuerpo se agiten, tiemblen o tengan espasmos durante el orgasmo. Por lo regular, el pene expulsará semen y la vagina de algunas mujeres también producirá un fluido. La mayoría de la gente disfruta mucho los orgasmos y hasta siente que "libera" la tensión del cuerpo. Es como un estornudo, pero mejorado. Los orgasmos pueden ocurrir durante la masturbación, el "pre" o el acto sexual.

¿Cómo sé si me estoy masturbando demasiado?

Depende, ¿te has masturbado cuatro veces desde que empezaste a leer este capítulo? Aun si contestas que sí, no necesariamente tienes un problema. Siempre y cuando no te impida cumplir con tus responsabilidades cotidianas, todo está bien. Tampoco está mal que masturbarte esté en tu lista de actividades diarias.

¿Es normal masturbarse si tengo relaciones sexuales con mi pareja?

Claro que sí. La masturbación es muy diferente al sexo en pareja. Acostarse con alguien de manera regular no necesariamente reduce las ganas de masturbarse. Ni tu mente ni tu cuerpo sienten lo mismo cuando tienes relaciones que cuando te masturbas. Mientras tienes relaciones sexuales con otra persona también te enfocas en ella, por lo qué no tienes la libertad de echar a volar tu imaginación o acabar rápido si es lo que se te antoja. Al masturbarte, eres la única persona que importa, lo cual la hace una opción agradable.

Fantasías masturbatorias

A veces fantaseamos cuando nos masturbamos, sobre todo con cosas irreales. Tal vez te imagines que el fantasma de la ópera te secuestra y hace cosas "sucias" contigo en su guarida. O quizá piensas en comida cuando estás muy excitado. No significa que te haría feliz que el verdadero fantasma de la ópera te secuestrara, ni que en la vida real lleves un pollo rostizado a una cita romántica. El punto es que no debes preocuparte si piensas en cosas que parecen muy obscenas o demasiado raras mientras te masturbas.

51

Nunca me he masturbado, mientras que mis amigos más cercanos dicen que lo hacen todo el tiempo. ¿Significa que tengo un problema?

No te preocupes, no eres un fenómeno de circo. Hay dos razones por las que quizá no te interese. La primera es que tal vez eres tímido con tu cuerpo o no te sientes conectado a él. Si como a la mayoría de nosotros te han dicho siempre que debes cubrir tus partes privadas, a lo mejor también tienes la idea de que está mal intentar cualquier cosa con ellas. Sentirte cómodo con tu cuerpo requiere tiempo y cariño.

También es importante que recuerdes que nuestras necesidades sexuales y niveles de interés cambian a lo largo de la vida. Hay quienes nunca se masturban, quienes lo hacen desde pequeños y quienes le agarran el gusto cuando son más grandes. Haz lo que te haga sentir bien y no te compares con los demás.

VIBRADOR

DILDO

¿Cuál es la diferencia entre un *dildo* y un vibrador? Son muy parecidos.

Los *dildos* son juguetes sexuales con forma de pene que se insertan en el ano o la vagina. Si te gusta la penetración, es el juguete para ti. Los vibradores son juguetes sexuales que zumban y tiemblan cuando se usan, y por lo regular usan baterías. A veces los vibradores también son *dildos* (¡arriba las innovaciones!). Estos aparatos son maravillosos para estimular el clítoris, el pene o los testículos.

SIENTO QUE NOS ESTAMOS DISTANCIANDO...

Desde hace seis años me masturbo, pero ahora me aburre la masturbación normal. ¿Qué puedo hacer para que vuelva a ser emocionante?

Podrías intentar jugar videojuegos mientras te masturbas, o probar el paracaidismo y hacerlo cuando saltes del avión (aunque es una opción bastante cara). Hablando en serio, es una buena pregunta porque es como si llevaras una relación de muchos años con tu mano y las cosas se hubieran vuelto monótonas. ¿Qué podrías hacer para darle sabor a tu vida masturbatoria?

Podrías intentar la diversión anal (juguetear con tu trasero mientras te tocas el pene). Al igual que con el sexo en pareja, también ayuda cambiar de posición o irte a algún lugar distinto (¡pero que sea privado!). Usa la imaginación para fantasear y experimenta nuevas texturas, como ponerte un condón con un poco de lubricante adentro. Intentar cosas nuevas es importante en todos los aspectos de tu vida, incluido este. Solo recuerda que no se trata de hacer algo que pueda lastimarte, pues tal vez te lesiones permanentemente si no sabes lo que haces o metes cosas en lugares inapropiados.

¿Cómo puedo conseguir un vibrador? No tengo tarjeta de crédito, así que no puedo comprarlo por Internet, y no hay alguien que me lo pueda conseguir.

Puedes comprarlo en una *sex shop*, aunque para entrar debes ser mayor de 18 años. O bien, puedes pedirles a tus amigos que te den una tarjeta de regalo de una de estas tiendas para tu cumpleaños 18. También puedes intentar comprar uno en la página web de una farmacia. Algunas tienen una sección de juguetes sexuales y aceptan pagos vía PayPal. Sin embargo, si alguno de tus padres no es de mente abierta, las cosas se pueden poner tensas a la hora de la cena el día que el cartero te traiga el paquete. También podrías ir a tu farmacia local y checar los masajeadores personales o faciales. No son muy caros y son un buen primer vibrador tanto para chavas como para chavos. Busca uno que tenga diferentes velocidades y aditamentos. (Solo no uses un aparato de microdermoabrasión, porque ¡ouch!) No olvides que es muy importante lavar el juguete con un jabón suave después de usarlo. ¡Y recuerda desconectarlo si piensas meterlo al agua!

No tengo orgasmos cuando me masturbo. ¿Qué me está pasando?

La masturbación no tiene que llevar al orgasmo. Si disfrutas la sensación de tocarte mucho más que el resultado, puedes usar ese tiempo para explorar tu cuerpo y no preocuparte tanto por el gran final. Una vez dicho esto, si sientes que tus orgasmos no producen el furor del que todos hablan, quizá el problema sea psicológico o físico, o una combinación de ambos. Si es psicológico, es importante que entiendas de dónde viene. La ansiedad puede quitarte las ganas, y si te preocupas demasiado por alcanzar el orgasmo es muy probable que te sugestiones y no lo logres. Tal vez ahora la ansiedad misma te ponga ansioso. Procura tranquilizarte. Hay técnicas de respiración y aromaterapia que son de gran ayuda para calmarte antes de comenzar. Si es un problema físico, lo más probable es que tenga solución. Por ejemplo, la falta de ejercicio, una mala salud, la bebida o el uso de drogas (sean legales o ilegales) pueden influir en tu desempeño sexual.

Conforme pasan los años y tu cuerpo cambia, lo mismo sucede con la sensación de tus orgasmos. El hecho de que no estés teniendo el mejor sexo contigo mismo en este momento no significa que no mejorará en el futuro.

¿Qué es la asfixia autoerótica?

Aunque parezca que estamos hablando de autos, en realidad la asfixia autoerótica consiste en ahorcarse o sofocarse parcialmente durante la masturbación. Se puede hacer con ropa, bufandas o cinturones, o con una almohada o cobertura que vaya sobre la nariz y boca, y no permita el paso del aire.

Puede parecer peligroso, ¡porque lo es! Entre 500 y 1 000 personas mueren cada año por culpa de la asfixia autoerótica. Te preguntarás entonces por qué lo hacen. La asfixia impide que el oxígeno llegue al cerebro, lo que provoca una breve euforia o un efecto similar al de las drogas que algunas personas creen que aumenta el placer del orgasmo. Pero también puede causar daño permanente o hasta la muerte si se sale de control. Si te estás masturbando solo, existe el peligro de que te desmayes y no puedas detener la situación, y aun si estás acompañado algo puede salir mal. No es recomendable. Masturbarse debe ser divertido, no un desafío a la muerte.

¿Puedo masturbarme con mi novio o novia?

Claro. La masturbación mutua (o masturbarse enfrente del otro) es una forma muy común de observar lo que a tu chico o chica le gusta, en vez de solo adivinarlo. Además, es la forma de sexo más segura.

No hay preguntas tontas... excepto esta

¿Puedo embarazar a mi mamá si me masturbo con un calcetín y ella lo lava y se le pega el semen seco a una mano y después se limpia con ella?

Capítulo 4
La primera vez

Qué debes saber y qué puedes esperar

Cuando creces tienes que tomar varias decisiones, como qué estudiarás o si te depilarás las cejas el día antes de la foto de generación. Una de ellas (que es de las más importantes) es si estás listo para tener relaciones sexuales o participar en algún tipo de actividad sexual. ¿Cómo saber cuál es el momento correcto? ¿Hay alguna lista de cosas que debas hacer para prepararte? ¿Hay algún test que te dé la respuesta? En realidad no los hay.

Para decidir si estás listo, lo mejor es asegurarte de que tienes toda la información, evaluar los pros y los contras y ser honesto con lo que sientes. Cada vez que te acuestes con alguien diferente tendrás que pensar en todo esto. Aquí te damos una guía útil de cosas básicas que debes saber y tomar en cuenta.

¿Qué es la virginidad?

Si vas a "entregársela" a alguien, primero debes saber qué es. Durante mucho tiempo, la sociedad consideraba que el "sexo" consistía en introducir el pene en la vagina, y que esa era la única forma de perder la virginidad. Las cosas han cambiado, y ahora se considera que el sexo abarca muchos otros aspectos y no solo la penetración heterosexual, por lo que hay muchas más formas de dejar de ser virgen.

Para las lesbianas, tener sexo oral o dedearse es sin duda una forma de "perderla". En el caso de los gays, puede ser a través del sexo oral o anal, de dar o de recibir. Para los hetero, tal vez sea por medio de la fórmula tradicional pene-vagina, aunque también de alguna de las anteriores. (En el capítulo siguiente se explican a detalle.) El punto es que, si solo tienes sexo anal, no puedes ir por la vida presumiendo que eres virgen.

Puedes sentir que te encuentras preparado para un tipo de sexo antes que para otro, lo cual está perfecto. Haz solo aquello con lo que te sientas cómodo y seguro.

Cómo saber cuál es el momento correcto

Hay muchas razones por las que la gente decide tener relaciones sexuales por primera vez. Por lo regular es porque están en una relación y basan su elección en el cariño o el amor. A veces solo lo hacen por lujuria. Y otras porque se sienten presionados o creen que es momento de hacerlo, como para quitarse un pendiente de encima.

Antes de hacerlo por primera vez, o segunda, tercera, cuarta... ten en cuenta lo siguiente:

• ¿Lo estás haciendo porque quieres o porque alguien más te lo pidió? ¿O porque sientes que ya te tardaste y es mejor hacerlo de una vez? Si no es por convicción, no deberías hacerlo.
• ¿Conoces todos los riesgos que el sexo implica y las mejores formas de evitar embarazos y enfermedades (ve los capítulos 7 y 8)? Si no sabes lo suficiente del tema, no estás listo.
• ¿Cuáles son tus opiniones sobre el sexo? ¿Crees que está bien hacerlo antes de casarte? ¿Crees que es correcto hacerlo con alguien a quien no amas? Contesta honestamente estas preguntas según tus creencias. No

VIRGEN PARA SIEMPRE
LA PELÍCULA
Próximamente en cines

mera vez no sea tal y como la imaginas, pero el punto es que no sea algo desagradable ni que te haga sentir mal contigo mismo.

• ¿Crees que hacerlo te llenará o te hará una persona más completa? ¿Crees que te quitará algo o te hará sentir incompleto? Si contestaste que sí a alguna de las dos preguntas, deberías esperar un poco más. El sexo no te hará una persona diferente ni cambiará lo que sientes por ti mismo.

• ¿Vas a hacerlo para obtener algo (atención, amor, dinero) o por venganza contra alguien? Si es así, recuerda que usar el sexo para obtener beneficios o castigar a otros *nunca* funciona a la larga, y solo te hará sentir peor que antes.

En pocas palabras, si decides tener relaciones sexuales, hazlo porque quieres, no porque tus amigos o pareja te presionan. ¿No crees que las personas con convicciones fuertes son muy sexis? Quizá nadie haga una película sobre por qué elegiste seguir siendo virgen, pero tu decisión es importante porque te da poder.

hay respuestas buenas o malas, pero si haces algo de lo que no estás 100% seguro, tal vez te sientas culpable o te arrepientas después, y eso no está *cool*. Lo más probable es que tu pri-

Posibles riesgos de la primera vez

Decidir hacerlo por primera vez es la gran cosa para todos, pero suele serlo más para las chavas, por una buena razón. Si eres una chica hetero y decides tener relaciones, corres el riesgo de embarazarte, es más probable que adquieras una enfermedad que los chavos hetero y, sobre todo, sabes que puede dolerte. Esto último también aplica para las lesbianas. No son motivos para no hacerlo, pero sí para que antes pienses muy bien las cosas.

Si eres un chavo hetero, puede preocuparte embarazar a la chava (por-que, al final de cuentas, eres parte del proceso) y también que existe el peligro de contagiarte de alguna enfermedad.

Piensa con la cabeza (la de arriba) antes de dar este paso y aprende qué hay de por medio y cómo cuidarte. En el capítulo 7 encontrarás más información sobre cómo prevenir el embarazo y las enfermedades de transmisión sexual. Y siempre, ¡**siempre**!, usa condón.

"Perderla"

Las expresiones vulgares que se usan para referirse a perder la virginidad suelen ser negativas, en particular para las chavas. La "perdiste", la "entregaste" o te "desfloraron". ¡*Pfff*! Toma en cuenta que estas expresiones pasadas de moda surgieron cuando se consideraba que el sexo era un tabú y se creía, por ignorancia, que si las mujeres tenían relaciones sexuales, perdían su inocencia y su integridad. Ahora sabemos que no se "pierde" nada (ni te "quitan" nada), y tu valor como persona sigue siendo el mismo.

¿Estás jugando en cancha oficial?

Cada lugar tiene sus propias leyes sobre el sexo, que determinan la edad a la que se puede empezar a tenerlo y la diferencia de edad aceptable entre las dos personas involucradas. También pueden ser distintas para el sexo homosexual. En algunas comunidades, la ley considera dos edades distintas: la primera es la que tienes cuando tus papás te dan permiso de tener relaciones y la segunda es aquella en la que ya no tienes que pedirles su aprobación. Es algo un poco confuso. Tal vez a los 14 crees que ya puedes tener relaciones con tu novio o novia de 18, pero, dependiendo de dónde vivas (y de quién se entere), alguno de los dos podría terminar en la cárcel. El sexo es increíble, pero no lo suficiente como para que arriesgues tu libertad o tengas una mancha en tu expediente.

Como la ley cambia con frecuencia, te recomendamos que busques una fuente confiable y actualizada en la que puedas averiguar cuáles son las leyes de tu comunidad. (Ni el peluquero de tu mamá ni la presentadora del *talk show* cuentan como fuentes fiables.) Busca la información en sitios web del gobierno o de sus organizaciones para asegurarte de que sea correcta.

Por cierto, también hay lugares en los que pueden llegar a acusarte de un delito por tener sexo oral o anal. Si vives en una comunidad así y no estás de acuerdo con la forma en que se interpreta la ley, busca algún grupo que defienda los derechos de la gente LGBT (lesbianas, gays, bisexuales y transgénero) o alguna otra organización civil que te ayude a encontrar formas no violentas de levantar la voz en favor de la libertad.

¡Desnudémonos!

¿Te desagrada la idea de ver partes del cuerpo colgantes (sean tuyas o de tu pareja)? Tal vez prefieras entonces empezar por sentirte más cómodo con tu cuerpo (y con el de tu pareja) antes de que empiece el *show* sin censura.

Date chance de pasar un buen rato frente al espejo explorando y descubriendo qué hace cada cosa. Así conocerás tu cuerpo. La masturbación también puede ser de gran ayuda (regresa al capítulo 3 si aún no le has agarrado el modo). Asegúrate de que te encuentras listo para estar muy cerca de las formas, texturas y olores de tu pareja. Si vas a meter una parte de ti en una vagina, no debes creer que es asquerosa. Si te interesa tener mayor cercanía con un pene, debes comprender bien su funcionamiento y no tener problemas para tocarlo.

¿Me va a doler?

A muchas chavas hetero y lesbianas que experimentan con alguna forma de penetración les preocupa que la primera vez sea dolorosa y sangren. Ambas cosas pueden pasar. La mayoría de las mujeres nacen con **himen**, que es una pequeña membrana como de piel que está en la abertura de la vagina, pero a veces es tan pequeño que parece no haber. Cuando tienes sexo por primera vez, puede romperse y sangrar. (Quizá hayas oído esa historia que dice que hace mucho tiempo se revisaban las sábanas de las mujeres después de su noche de bodas en busca de sangre para confirmar que eran vírgenes antes del matrimonio.) Ahora sabes por qué en algunos lugares cuando una chica pierde la virginidad se dice que "le tronaron la cerecita".

Sin embargo, en el caso de la mayoría de las chavas, el himen se rompe antes de que tengan sexo, por hacer ejercicio, montar a caballo, masturbarse o ponerse un tampón. Las nuevas investigaciones afirman que, al aumentar los niveles de estrógeno en el cuerpo, el himen comienza a desvanecerse de manera natural. El de otras chavas puede ser muy flexible y nunca "romperse", y aun si se desgarra durante su primera vez, mu-

¡No son carreritas!

Si estás teniendo un momento muy apasionado con esa persona especial y aún no has decidido si estás listo para tener sexo (ya sea con esa persona o en general), este es el peor momento para dar ese paso. Cuando estás en medio de un faje muy cachondo, toda la sangre que tu cerebro usa para pensar está muy ocupada llenando otras partes de tu cuerpo. Así que, aunque en ese instante sientas que está bien, podrías terminar tomando una decisión de la que te arrepentirás. Tendrás otras oportunidades, así que no hay necesidad de apresurar las cosas.

chas mujeres descubren que no hay sangrado o es muy poco, y este no se parece en nada a un río de sangre.

En cuanto al dolor durante la primera vez, también depende de la chava. Es más probable que sea incómodo si estás asustada y no te relajas, porque los músculos de la vagina estarán demasiado tensos y contraídos como para permitir la entrada del pene (o de los dedos). Si ya decidiste hacer-

VAMOS, ¡AYÚDAME AMIGO!

¡NO ME APRESURES!

Pánico escénico

Es completamente normal que estés nervioso la primera vez. El sexo en pareja es algo muy distinto a la masturbación, y no hay forma de saber cómo se sentirá. Si las chavas están ansiosas o tensas, será más difícil introducir algo ahí (como ya hemos dicho). En el caso de los chavos, la emoción y la ansiedad de la primera vez pueden provocarles una **eyaculación precoz** (es decir, llegar al orgasmo demasiado rápido). A lo mejor descubres que la cabeza de arriba no se pone de acuerdo con la de abajo y no logras tener una erección (lo irónico es que las tengas en los momentos más inoportunos y con tanta facilidad). Aunque hayas visto muchos anuncios sobre pastillas que te ayudan a durar más o a que se te pare, no necesitas el auxilio de la medicina moderna para ser todo un semental en tu primera vez.

Por cursi que suene, si tu pareja y tú se dan chance de conocerse bien antes de acostarse, los dos se sentirán mucho más tranquilos si surge algún problema (aunque ojalá no ocurra). Si algo no funciona como debería, respira profundo y háblenlo. Tampoco te apures si no se puede, porque no será tu última oportunidad.

lo, trata de relajarte, y la experiencia será más agradable.

Hazlo despacio y con cuidado, y comunícate siempre con tu pareja. Si en algún momento sientes demasiado dolor, deténganse e inténtenlo otro día. Si te duele cada vez que lo haces, ve con tu ginecólogo (a quien debes visitar si tienes una vida sexual activa) para que te revise y vea qué está pasando.

¿Tendré un orgasmo?

Como dijimos en el capítulo 3, el orgasmo ocurre cuando se estimulan de manera apropiada ciertas partes de tu cuerpo durante alguna actividad sexual, y los músculos de tus órganos sexuales tienen contracciones involuntarias, rápidas y rítmicas. Por lo regular se siente bien, como si se descargara toda la tensión acumulada. También el cerebro libera endorfinas en la sangre, las cuales sirven para aliviar el estrés de forma natural. (El ejercicio y la risa tienen el mismo efecto, pero no siempre son tan divertidos como el sexo.)

Algunos chavos tienen un orgasmo de inmediato la primera vez, mientras que otros pueden seguir y seguir hasta después de que su pareja haya dejado de disfrutar. La masturbación puede ser una forma de entrenar a tu mente y a tu pene. Puedes usar ciertas imágenes y hasta distintos niveles de presión y tipos de caricias que te ayuden a retrasar el momento del orgasmo. También puedes intentar llegar al punto en el que estás por venirte, y entonces detenerte o bajar la velocidad.

Si eres chava, puede que tengas o no un orgasmo la primera vez. Es posible que lo alcances con mayor facilidad durante el "pre" (ve el capítulo 5) o a través del sexo oral (ve el capítulo 6) que con el sexo vaginal. También hay chicas que llegan al orgasmo antes que sus parejas. Así que lo mejor siempre será que tengas una buena comunicación con tu media naranja y que tus expectativas sean razonables. No te decepciones si la primera vez no es extraordinaria. Si se respetan y se divierten, llevas las de ganar.

Tenemos que hablar

Si vas a tener sexo por primera vez, lo mejor es platicar con tu novio o novia sobre lo que quiere y lo que siente antes de hacerlo. Si eres lesbiana, tu novia y tú deberán determinar qué es lo que ustedes consideran sexo. Puede ser dedearse, insertar otros objetos, frotarse cuerpo a cuerpo o tener sexo oral. Si eres gay, seguramente también desearás hablar con tu pareja sobre el tipo de sexo que quieres tener. Los hombres homosexuales pueden tener sexo de varias formas, entre ellas oral o anal. También alcanzan el orgasmo frotándose o masturbándose frente al otro, o entre sí. En cuanto al sexo anal, algunos solo dan, otros solo reciben, y otros de plano no lo hacen. Si te hallas en una relación hetero, también debes decidir hasta dónde quieres llegar y qué cosas te gustaría hacer. No esperes hasta que te encuentres en plena acción para decidirlo.

Mientras estén teniendo sexo, pregúntale a tu pareja si todo va bien, si lo está disfrutando o si le duele o se siente incómoda. El sexo puede ser un poco extraño, pero debe sentirse bien. Si lo que estás haciendo te duele o te incomoda, detente e intenta algo más.

Comedia sexual

Aunque el sexo puede ser una festividad romántica, hermosa, maravillosa, cachonda y hasta sudorosa, también puede ser un poco raro, en particular si es tu primera vez (o una de las primeras), o la primera vez con alguien diferente. Ambas personas se encontrarán nerviosas porque no están acostumbradas al cuerpo del otro, así que quizá ocurran toda clase de situaciones chistosas. Tu cuerpo hará ruidos, empezará a oler diferente y producirá distintos fluidos. Si las cosas se ponen resbalosas, tal vez no harán lo que esperas. Si te la llevas leve y tienes buen sentido del humor, será más fácil reírte y no preocuparte si se escucha un sonido como de pedo o si tu cuerpo se mueve de cierta forma sin querer.

El año pasado tuve un novio con el que me acosté muchas veces. ¿Crees que mi nuevo novio quiera tener sexo conmigo cuando sepa que se me ensanchó la vagina?

Tener relaciones sexuales no ensancha tu vagina. Es un mito que ha provocado que en la escuela los chavos hagan chistes tontos al respecto durante décadas. Las vaginas son canales musculares cerrados o colapsados, y, cuando no hay nada en ellos, estas paredes musculares se encuentran pegadas. Así que mientras realizas tus actividades normales del día, tu vagina está cerrada, no abierta. Cuando le metes algo, como un tampón o el dedo, se expande para hacerle espacio a lo que está adentro. Cuando sale, el músculo se colapsa de nuevo. Hay mujeres que sienten diferencias en el tamaño de su vagina después de dar a luz, pero es un hecho que no se te "ensanchó la vagina" solo porque tuviste relaciones.

La primera vez que me acosté con alguien fue porque me presionaron para que lo hiciera. Si ya no soy virgen, supongo que debería seguir teniendo sexo. ¿Está bien que me acueste con cualquier chico que quiera acostarse conmigo?

Cada vez que tienes relaciones con alguien diferente es una elección distinta. Con el paso del tiempo serás capaz de tomar decisiones con base en tus experiencias de vida. Parece que tu primera experiencia no fue muy positiva, lo cual es espantoso porque puede hacerte sentir mal contigo misma y afectar tus creencias sobre el sexo. Lo bueno del pasado es que nos sirve para aprender y mejorar en el futuro.

Si quieres hacerlo de nuevo y te sientes cómoda con tu cuerpo y con la persona involucrada, ¡adelante! Si solo tendrás sexo porque piensas que es lo único que puedes ofrecerle a los chicos, detente un momento a pensar y recuerda que las relaciones sexuales no sirven para llenar un vacío; ten siempre en mente que ya estás completa y tienes mucho que ofrecerle a los demás.

Soy gay y estoy enamorado de mi novio. Casi todos mis amigos ya han tenido sexo, y hablan de cuántas veces lo han hecho y con cuántas personas. Yo no quiero tener sexo aún, pero lo haría solo para que me dejaran en paz. ¿Debería mentirles para quitármelos de encima, y de esa forma dejen de decir que soy raro?

Primero que nada, debes saber que no todos tus amigos están teniendo relaciones sexuales. De hecho, las estadísticas muestran que solo la mitad de los chavos y chavas de prepa lo hacen, así que lo más probable es que muchos de los que presumen de ello en realidad estén mintiendo. Esto empeora las cosas para los demás. Es mucho más respetable que defiendas tu postura con respecto a si estás listo o no para una relación sexual. Tal vez otros comiencen a imitarte y no se avergüencen de su abstinencia.

Además, si estás o no teniendo sexo es cosa tuya y de nadie más. Así que también tienes derecho a decirles simplemente que no quieres hablar del tema.

Hace un año tuve sexo por primera vez, pero desde entonces no lo he vuelto a hacer. Me uní a una Iglesia y me comprometí con el Señor, y parte del compromiso incluye no tener relaciones sexuales hasta que me case. El pastor nos habla mucho de la segunda virginidad, que es cuando Dios te considera virgen si le prometes que dejarás de tener relaciones. Mi pregunta es: ¿cuánto tiempo pasará hasta que se pueda considerar que mi cuerpo es virgen otra vez?

Es un poco engañosa esa idea de que el "cuerpo se considere virgen". Si te refieres al himen, debes saber que no es un tejido que se regenere, así que si se rompe no volverá a formarse. Como discutimos en este capítulo, hay veces en las que se desgarra por otras razones que nada tienen que ver con el sexo. El punto es, ¿por qué te resulta tan importante?

Está bien si decidiste hacer la promesa de que no tendrías relaciones sexuales de nuevo antes del matrimonio. Es una postura noble, y lo importante es que te sientas bien con ella. Pero también es fundamental que dejes de pensar que de algún modo eres inferior porque has tenido sexo. Eso es falso, y creerlo solo te quita parte de la maravillosa persona que eres.

¿Qué clase de cosas tengo que traer siempre para que cuando sea mi primera vez todo salga bien? No quiero que sea decepcionante, así que siempre traigo ropa interior sexy en la mochila, pero no sé qué otras cosas serían útiles.

Uno de los puntos más importantes acerca de estar listo para hacerlo por primera vez, es saber cómo *protegerte* por primera vez. No se trata de *traer* casco y rodilleras, sino de conocer los equivalentes al casco y a las rodilleras cuando hablamos de sexo.

Para las chavas es más fácil, pues en su bolsa caben todo tipo de artilugios, aunque no los necesiten. Debes cargar al menos con tres condones (no porque esperes demasiado, sino porque es bueno tener respaldo en caso de que alguno no funcione bien, y tres es un número mágico) y algunos pequeños empaques de lubricante, el cual hará que el sexo sea más sencillo, sobre todo la primera vez. Busca un lubricante a base de agua y sin esencia que venga en un empaque portátil. (En los siguientes capítulos hay más información al respecto.)

Si por ahora no aplicas otro método anticonceptivo, como píldoras, también es buena idea traer unas pastillas de emergencia, que usarás solo como plan B, por si acaso el condón se rompe. En los capítulos 7 y 8 encontrarás más información sobre la prevención de enfermedades y otras formas de evitar un embarazo.

Mi mamá dice que podrá darse cuenta cuando empiece a tener relaciones. Dice que mi cuerpo va a cambiar y que tendré más curvas. También he oído que oleré diferente. Admito que me gustaría tener senos, porque ahorita estoy más plana que una tabla, pero me preocupa que todo el mundo se dé cuenta de que estoy teniendo sexo y piensen que soy una fácil. ¿Hay forma de evitar estos cambios cuando decida acostarme con mi novio?

Antes se creía que el cuerpo comenzaba a cambiar una vez que se iniciaba la vida sexual, pero es un mito absoluto. Tu apariencia física no revela si has perdido la virginidad. El cuerpo cambia por sí solo durante la pubertad, así que ni las chavas más castas pueden evitar el paso de la naturaleza. Y temo decepcionarte, pero tampoco tendrás la suerte de que te crezcan los senos una vez que comiences tu vida sexual.

Creo que ser virgen es algo muy importante, e incluso le prometí a mi familia que no tendría relaciones sexuales antes del matrimonio. Estoy saliendo con un chavo muy buena onda, y ya nos hemos besado y fajado. Dice que si tenemos sexo anal seguiré siendo virgen. ¿Es cierto? No quiero que cortemos si no lo hago, pero tampoco quiero romper mi promesa.

El sexo anal es sexo, tanto como el sexo oral y el vaginal. En el capítulo 6 puedes leer más al respecto. Si les hiciste a tus papás una promesa basada en la creencia moral de que el sexo es algo que solo debes hacer con la persona con la que te cases, cualquier tipo de sexo es tan inmoral como los demás, pero depende de lo que *tú* creas. Además, con el sexo anal tienes tanto riesgo de contagiarte de alguna enfermedad como con los otros tipos de sexo (ve el capítulo 7), y llevarlo a cabo requiere de mucha preparación. Si deseas hacerlo porque crees que es lo mejor para ti, busca más información, háblalo con tu novio y tomen la decisión *juntos*. Si tienes sexo anal para seguir siendo virgen, lamento decepcionarte. En cuanto a que tu chico se vaya, piensa que, si un chavo está contigo solo porque le dejas que te lo meta en el trasero, ¡no vale la pena! (Aunque sea muy guapo.)

Cuando era más pequeña me violaron, y por eso siento que he perdido la magia. ¿Tiene sentido volver a tener relaciones sexuales?

"**P**erder la magia" suena a que te robaron un unicornio el día que te violaron. ¡Vamos, eres tan mágica como siempre, si no es que más porque estás viva y puedes hablar de lo que te ocurrió! No te atormentes creyendo que te "arruinaron". Si a una de tus amigas más cercanas le pasara lo mismo y te lo contara, ¿le dirías que ya no es la misma persona y que algo está mal en ella? Claro que no. Por difícil que sea, recuerda que es algo que ocurrió en el pasado y no afecta quién eres hoy ni tu valor como alguien que es sexualmente atractivo.

No hay preguntas tontas... excepto esta

Me acosté con mi novia por primera vez y ambos éramos vírgenes. No sangró, pero luego tuvimos sexo anal y sí sangró. ¿Acaso tenía el himen en el trasero?

Capítulo 5
El "pre"

Qué hacer antes de hacerlo

Aunque el acto sexual en sí es un tema de moda en todas las prepas, hay muchas cosas divertidas que puedes hacer antes de... *hacerlo*. De eso se trata el "pre": es como el bocadillo que te abre el apetito, o como el avance de la nueva película de acción que tanto se te antoja ver. Si tienes relaciones con tu novio o novia, hay muchos recursos que puedes emplear al principio y que harán de la experiencia algo menos apresurado y más especial. Si aún no estás preparado para el plato principal, hay gran cantidad de juegos que también son placenteros e incluso más seguros. Para algunas parejas el "pre" es suficiente, pues también así se puede llegar al orgasmo.

Si te preguntas en qué consiste el "pre", te diremos que por lo regular es todo aquello que se hace antes del sexo oral, anal o vaginal. (Todo lo que sea sexual, pues. Quitarte los zapatos no cuenta.) Fajar, manosearse o explorar los genitales del otro con las manos son juegos que forman parte del "pre".

Una buena preparación

El "pre" es una buena forma de prepararse para el sexo porque echa a andar los fluidos del cuerpo. Cuando empiecen a fajar, tu pareja y tú notarán que fluye más sangre hacia sus genitales, por lo que el chavo tendrá una erección y el clítoris de la chava se dilatará (que es una forma elegante de decir que crece y se endurece un poco). La vagina también se agrandará, por lo que habrá más espacio para darle entrada a un pene por un rato, además de que comenzará a lubricarse, lo cual es muy útil si se va a introducir algo en ella.

Buenos besos

A muchos chavos les dan nervios los besos, porque a nadie le gusta que lo recuerden como alguien que no sabe besar. Sería increíble que todos fuéramos buenos en esto, pero no siempre es así. Quienes saben besar prestan atención a las reacciones de la persona a la que están besando, pues un buen beso prende a cualquiera. Así que si te estás sumergiendo en la boca del otro y sientes que se recarga en ti, parece perder el aliento y su corazón comienza a latir más rápido, algo estás haciendo bien. Empieza despacio, y si percibes que, conforme aumenta la intensidad, la otra persona parece no estar disfrutando los malabares que estás haciendo con la lengua, aliviánate un poco e intenta cosas nuevas hasta que encuentres la fórmula correcta.

Todos tenemos ideas distintas sobre el beso perfecto, por lo que la forma en la que besas a una persona puede ser completamente distinta de cómo besas a otra. Mientras se están conociendo, lo mejor es tener paciencia y agarrarle la onda a tu pareja. No traes de jugar *pin ball* con la campanilla de tu novio o novia, ¿por qué no mejor dejas la lengua de lado un ratito? Aunque es de las primeras cosas que nos vienen a la mente cuando pensamos en el cachondeo, los besos con la boca cerrada también pueden ser muy sensuales y eróticos. Si empiezas así, poco a poco podrás ir usando la lengua, y si tu pareja responde bien, juntos encontrarán la receta perfecta para darse unos buenos besos.

Cuidado con esa boquita

No hay suficiente chicle ni enjuague bucal en el mundo que sustituyan al cepillo e hilo dental. Usar hilo dental todos los días es muy importante, porque puede haber todo tipo de porquerías atrapadas entre tus dientes que causen mal aliento. Si tu pareja y tú se están dando respiración de boca a boca, también están compartiendo esa suciedad. Seguramente has oído que la buena salud dental evita la inflamación de las encías. Pues la falta de higiene evita que la gente te quiera besar, así que ¡aguas!

Manosear, toquetear, frotar

Conforme agarres confianza en el faje, notarás que tus manos querrán pasearse por otros lados. Si te gusta la persona con la que te estás besuqueando, lo más probable es que tengas ganas de explorar más, y ella también. Comenzarán por manosearse por encima de la ropa para sentir los senos, las piernas o las nalgas (las de tu pareja, no las tuyas, a menos de que estés enamorado de tu propio trasero).

Aunque traigan ropa, notarán que ocurren cambios en sus cuerpos. Los chavos tendrán una erección y las chavas se mojarán, y antes de que se den cuenta ya estarán frotándose los genitales a través de la ropa. A esto a veces se le llama "sexo en seco" o *frottage*. Conforme comiencen a agarrarle la onda al cuerpo del otro, se darán cuenta de que por naturaleza buscan meter las manos por debajo de la ropa. Si sientes que tu pareja va demasiado rápido, díselo. Fajar es muy divertido y es algo que pueden hacer durante una temporada antes de decidir tener relaciones.

El beso de la muerte

¡Es broma! Las posibilidades de que un beso mate a alguien son mínimas. Bueno, a menos de que seas tan bueno para besar que tu pareja explote de repente. Pero, al igual que en otras actividades sexuales, los fluidos se mezclan y los cuerpos se tocan, así que puedes contagiarte de un virus y tener una infección. El catarro y la gripa son algunos de los culpables más comunes, aunque son cosas de las que también te puedes enfermar cuando tu mejor amigo o un desconocido en el metro te tosen encima. Sin embargo, hay dos enfermedades que sí son propias del besuqueo:

Fuegos labiales (o herpes oral). Lucen como un barro que no has dejado de rascar y aparecen en la boca. El herpes es un virus tan contagioso que casi todos los adultos se han infectado en algún momento de su vida. Hay distintas variedades, algunas de las cuales no causan síntomas. Cuando te infectas con la que causa úlceras, puedes tener varios brotes a lo largo de tu vida. El herpes oral también se transmite a los genitales, ¡así que no beses ninguna parte del cuerpo de tu pareja cuando tengas un brote!

Mononucleosis (conocida como "enfermedad del beso"). La mononucleosis se transmite por la saliva (así que puedes infectarte por un beso, pero también si compartes vasos o utensilios de comida con una persona infectada) y se presenta con más frecuencia en chavos de entre 15 y 17. Si te da, tendrás muy irritada la garganta, las anginas infectadas y los ganglios inflamados, y te sentirás completamente exhausto. Ahora bien, no porque tengas los síntomas significa que estás enfermo de mononucleosis. Solo un médico puede diagnosticarte a través de análisis de sangre.

¡No te asustes! Sigue besando. Nada más que si te enteras de que la persona que te gusta está enferma o andas considerando ligarte a alguien con una terrible infección en la garganta, es mejor que guardes tus besos para otra ocasión.

El famoso "dedeo"

Está bien que quieras meterle la mano a tu pareja en el pantalón, pero ¿qué se hace cuando estás ahí? Una opción para los chavos es dedear a su novia, o sea, estimular sus genitales con los dedos.

Primero lo primero: antes de que se te ocurra meterle los dedos a alguien, es fundamental que te laves las manos y te cortes y limes las uñas para evitar que haya bordes filosos. ¿Te has cortado alguna vez con una hoja de papel? Pues imagínate sentir eso, pero allá abajo. No está nada *cool*. Solo recuerda cortarte las uñas con anticipación para no tener que detenerte en pleno faje a agarrar el cortaúñas (¡porque eso seguro mataría la pasión!).

Una vez que tu mano llegue ahí, notarás que tu novia está húmeda. No vayas a hacer una expresión de asco y a secarte la mano con la cortina. La lubricación tiene una razón de ser, pues sin ella no podrías meter los dedos y mucho menos otras cosas.

En la parte superior de la vulva (justo arriba de la uretra y de la abertura vaginal; ve el diagrama de la página 12), se encuentra el prepucio clitorial, y debajo de él está el clítoris. Al clítoris le gusta que lo acaricien con suavidad. Todas las chavas son distintas: a algunas les gusta el movimiento de arriba abajo, otras de lado a lado, en una sola dirección o con un movimiento circular. Experimenta y descubre qué le gusta más a tu chica.

Luego están los labios mayores y menores, que cuando los tocas también provocan reacciones distintas según la chava. Algunas son más sensibles que otras, así que frotar el dedo entre sus labios vaginales puede volverlas locas o no provocarles más que un bostezo.

En la parte inferior está la entrada a la vagina misma. Si tu novia está preparada y lo desea, insértale un dedo (es preferible empezar con uno solo). Con la palma de la mano hacia arriba, levanta el dedo medio y frota con suavidad la abertura. Si parece que está lista para que la penetres (y si no está claro, mejor pregúntale), comienza a insertar el dedo despacio, y con cuidado métele y sácalo. Profundidad no es sinónimo de calidad; de hecho, que lo metas muy adentro a veces es incómodo. Si la abertura es más amplia, quizá le guste que metas dos dedos, pero no te vayas a emocionar añadiendo dedos si ella no está lista, pues no le parecerá muy divertido. Si no estás muy seguro de qué debes hacer, averigua qué le satisface. Lo más probable es que ella ya se haya metido los dedos alguna vez; pero, si aún no lo ha hecho, igual puede decirte si le gusta lo que estás haciendo o no.

¿Qué es el líquido preseminal?

Cuando un chavo se excita, a veces le sale un poco de fluido preeyaculatorio entre el comienzo de la erección y la eyaculación. Sirve para mantener saludable y lubricada la uretra, y permite que los espermatozoides encuentren el camino de salida del cuerpo. Algunos chavos expulsan mucho y otros muy poco, lo cual es normal. A veces trae algunos espermatozoides que quedaron en la uretra de relaciones sexuales anteriores o de la masturbación, así que en realidad sí puede causar un embarazo.

Manos a la obra

Aquí hablaremos de estimular el pene de tu novio con la mano. La primera vez que lo tocas, se siente como un bastón de carne, pero no porque se vea sólido significa que puedes tratarlo como si fuera una barra de acero. También es sensible, aunque no tanto como la vagina, por lo que si lo aprietas mucho o lo frotas con vigor, le causarás dolor e irritación a tu chico. Si no está circuncidado, el prepucio se moverá de arriba abajo, por lo que podrás masturbarlo sin preocuparte por la fricción. Si lo está, es probable que requieras lubricar el pene para poder manipularlo. Algunas personas se lamen la mano o le echan saliva antes de empezar a frotar el pene, mientras que otras prefieren lubricantes suaves a base de agua. También puedes usar cremas, siempre y cuando no sean irritantes, no tengan perfume y no entren en contacto con la punta del pene (pues no quieres que entre a la uretra). También el líquido preseminal puede servir como lubricante.

Aunque parecería que las opciones de movimiento se restringen a subir y bajar, no tiene que ser así de simple. Por un lado, la parte más sensible del pene es la cabeza, así que empieza por ponerle más atención.

O bien, intenta apretarlo con mayor o menor intensidad, con distintas manos (o con las dos), o que tu mano juguetee con sus testículos mientras acaricias el pene con la otra. ¡Hay un mundo de posibilidades! Los penes son más fáciles de entender que las vaginas, así que es probable que pronto le tomes la medida a tu chavo (y si no, dudo que le moleste mucho que sigas practicando).

Jugueteo anal

Ya aprendiste qué hacer con las partes delanteras, pero ¿qué se puede hacer con la de atrás? Te sorprenderá saber que el trasero puede entrar en el juego sin que haya sexo anal involucrado. Si tu pareja y tú están en el "pre", quizá les interese introducir un nuevo elemento a la ecuación.

El jugueteo anal puede ir desde tocar el ano hasta insertar un dedo en él. Se puede meter un dedo, dos o un juguete sexual. Los chavos tienen una glándula en el interior llamada **próstata**, que puede provocarles un orgasmo si la estimulas correctamente. No es algo que sacarías a la conversación en tu primera cita, pero es bueno que tu pareja y tú lo sepan si después quieren experimentar. Las chicas no tienen próstata, pero a algunas también les gusta que a veces les metan el dedo por ahí. Como todo, depende de las preferencias de cada quien, y la única forma de saber si algo te gusta o no es probándolo. Lo malo es que el ano no se lubrica de forma natural. (Si lo hiciera, significaría que tienes algún tipo de problema médico, así que deberías al doctor de inmediato.) Si les gusta el jugueteo anal, usen algún lubricante. Y nunca pases la mano del ano a los genitales sin lavártela, porque puedes causarle al otro una infección.

¿Es seguro?

Aunque dedear o masturbar a tu pareja sin duda conlleva menos riesgos en cuanto a transmisión de enfermedades sexuales que el sexo oral, anal o vaginal (más sobre estas infecciones en el capítulo 7), existe el peligro de que te contagies de alguna ITS por el contacto piel a piel. Siempre que tengas este tipo de contacto, lávate las manos antes y después de tocar un pene o una vagina, y evita cualquier clase de jugueteo preliminar si sabes que tú o tu pareja tienen alguna infección.

Estimular las zonas erógenas

En el "pre" no necesitas limitarte a lo que está debajo del pantalón. Los cuerpos de hombres y mujeres tienen zonas erógenas: áreas que nos gusta que nos toquen. Hay algunas muy obvias, como los pezones, tanto los de las chavas como los de los chavos. El cuello es otra, y hay quienes disfrutan que les den besos o les respiren sobre él. A algunas personas les excita que les soben los pies, les acaricien la parte baja de la espalda o les chupen la oreja. Incluso hay quienes tienen zonas erógenas en otras partes del cuerpo (descubrirlas es parte de la diversión). Pero no asumas nada. Tal vez a tu exnovia le gustaba que le lamieran la oreja, pero a la actual puede resultarle asqueroso. (Y nada arruina más el momento que tener que limpiarte la baba de la oreja si no es lo tuyo.) Cuando estés en busca de las zonas erógenas de tu pareja, vete con calma y pon mucha atención a sus reacciones.

El momento cariñoso

Acurrucarse y acariciar con cariño a esa persona especial son buenas formas de demostrarle que deseas estar cerca y que te gusta cómo se siente

A nadie nunca le han explotado los testículos por aguantarse

Si eres hombre, seguro sabes que puede ser un poco doloroso cuando estás esperando un orgasmo y la acción se detiene. En términos científicos se le denomina **vasocongestión**, pero lo más probable es que el término técnico sea en lo último que pienses si te está ocurriendo.

Lo que pasa es que toda la sangre que fluyó al pene y a los testículos para producir la erección (ve la página 14) lleva ahí un rato y tu cuerpo se ha preparado para tener un orgasmo. Si el momento sexy se termina y no llegaste al orgasmo, la sangre se queda ahí y produce una sensación de pesadez en los testículos. El dolor puede ser leve o parecerse al de una patada en el estómago.

Cuando les pasa, algunos chavos dicen que tienen los "huevos hinchados" porque sienten que les van a explotar, pero jamás se ha reportado un caso de muerte por hinchazón testicular. Claro que es muy incómodo tener que detener el cachondeo cuando lo único que quiere tu pene es descargarse, pero si tu pareja desea parar, tienes que escucharla.

Si te duele mucho, puedes masajearte los testículos y así disminuirá la intensidad de la sensación, o ir al baño y terminar la tarea por tu propia mano. O aguanta un poco la incomodidad y espera a que desaparezca.

Por cierto, a las chavas les pasa lo mismo. También sus genitales se llenan de sangre cuando se excitan, y si siguen así sin alcanzar el orgasmo también pueden sentir pesadez y dolor. La sociedad aún no ha inventado un término para esto, y como que "hinchazón clitorial" no aplica.

su cuerpo. No solo es parte del "pre", sino que también es una excelente forma de intimar después del sexo o del faje. Las caricias, los abrazos, los masajes o el roce de los dedos sobre la piel es muy sensual.

Las bases

Es increíble que todavía se usen analogías de béisbol para referirse a los diferentes tipos de acercamientos sexuales. ¿Nunca te has preguntado por qué a los besos de lengua se les llama "primera base" y al sexo "*home run*"? Se dice que esta comparación se empezó a hacer durante la Segunda Guerra Mundial, cuando el béisbol era el deporte más popular en Estado Unidos. Tal vez ahora sería más lógico que usáramos términos tecnológicos para las distintas fases del sexo, pero, mientras no sea común hablar de dedear a una chica en términos de "hacerle doble clic al *mouse*", seguiremos usando palabras deportivas.

¿Sabes a qué se refiere cada base?

• La **primera base** es lo más simple: consiste en besarse, por lo regular con la boca abierta y metiendo la lengua en la boca del otro (lo que se conoce como el *beso francés*).

• Los chavos consideran que **segunda base** es acariciarle o chuparle los senos a una chava, pero en general incluye el faje con ropa.

• En la **tercera base** comienza el contacto con los genitales, como el dedeo y la masturbación mutua o del otro, aunque para las parejas gays y lesbianas estos puedan ser *home runs*.

• ***HOME RUN!*** Si llegaste hasta aquí quiere decir que lo lograste, es decir que tuviste sexo oral, vaginal o anal. Esperemos que mientras corrías de tercera a *home* no se te haya pegado alguna enfermedad o te lleves una sorpresa de esas que vienen nueve meses después. (Aunque parezca que estás un paso más cerca del Salón de la Fama, no olvides que esto es sexo y no béisbol.)

Preparar el ambiente

Crear una atmósfera adecuada es muy importante. Si vas a tener intimidad con tu novio o novia, necesitas un agradable escenario romántico en el que ambos puedan relajarse y sentirse cómodos y sexis. No se trata de que pongas velas sobre el tablero del auto antes de que comience la acción.

Aquí te van algunos *tips* para preparar el ambiente:

• **Piensa en música, haz una *playlist* o un CD** con canciones que creas que a tu pareja le pueden gustar.

• **Oscurece el cuarto y prende unas velas.** Pero que no se te ocurra ponerlas cerca de las cortinas.

• **Hazle algo de cenar a tu pareja.** Aunque no seas chef, puedes cocinar algo sencillo, como una pasta. Si eres más arriesgado, practica preparar el platillo favorito de tu novia o novio unos días antes. O también pueden organizar juntos un sencillo *picnic*.

¿Por qué besar se siente tan rico y me prende tanto?

Parece que te has encontrado con alguien que es muy bueno para besar. Los que no siempre hemos tenido tanta suerte sabemos valorar ese tipo de besos deliciosos. Los besos pueden ser una de las mejores fases de la sexualidad. Son buenos para reconfortar, saludar o despedirse de alguien... o para demostrarle que quieres algo más. Cuando besas a otra persona, es como si tu boca tratara de descifrar lo que el resto de su cuerpo hará cuando se conecte con el tuyo. Los besos son parte de nuestra naturaleza, así que no es sorprendente que nos gusten tanto.

Cuando besamos estamos saboreando al otro y recibiendo una enorme dosis de sus **feromonas**, que son la fragancia que produce nuestro cuerpo y que puede influir en el atractivo sexual que tenemos para otras personas. Además, como la piel de los labios es mucho más delgada que la de otras partes del cuerpo, los hace muy sensibles. Cuando te excitas se llenan de sangre, así que al besar se sienten tibios y cosquillean.

Soy un chavo de 16 años, y los fajes con mi novia son cada vez más intensos. Creo que está lista para que lleguemos a tercera base, pero ¿qué debo hacer si quiere llegar más lejos?

La tercera base es un punto en el qué puede pasar casi cualquier cosa: puedes correr a *home*, te pueden regresar al campo si sacan al bateador, o puedes desmayarte por deshidratación y necesitar electrolitos. (Bueno, esto último es improbable cuando estás fajando, pero como el béisbol es un deporte de verano las cosas se pueden poner candentes.)

En realidad la tercera base puede ser un poco peligrosa porque es en ese momento cuando la gente deja de pensar con claridad. La temperatura sube y puedes olvidar protegerte. Así que si tu pareja y tú no han determinado sus posturas acerca de tener sexo (no importa si están listos o no para hacerlo), o no han discutido los riesgos y cómo van a protegerse, este es el peor momento para hacerlo. Es mejor que por ahora se queden en tercera base y esperen a tener relaciones hasta que estén preparados y hayan pensado al respecto.

Salí con una chava y llegamos bastante lejos, pero ella quiso que me detuviera y le hice caso. Al día siguiente, les contó a todos en la escuela lo que habíamos hecho, pero les dijo que me detuve porque no se me paraba. No quiero ser un patán y contarles a todos lo que realmente pasó, pero no es justo que ella ande inventando cosas ni que ande contando lo que hicimos. ¿Qué puedo hacer al respecto?

En primer lugar, te felicitamos por apegarte a tus valores y detenerte cuando te lo pidió. Tienes razón en que estuvo mal que contara las cosas que hicieron (o no hicieron) juntos. También es bueno que no quieras vengarte de ella relatándoles a todos los detalles "sucios" de lo que pasó.

Te preguntarás por qué ella sí lo hace. Tal vez sea porque es perversa y superficial, pero lo más probable es que se sienta rara por lo que pasó y quiera asegurarse de que no vayas a quejarte con la gente de que ella no "cumplió". Quizá no tengas muchas ganas de hablar con ella en este momento, pero la mejor forma de enfrentar esta situación es confrontarla en privado. Podrías intentar platicar con ella cuando esté sola y decirle que no está nada bien lo que está haciendo. Si te arma una escena en público, mantén la calma y dile enfrente de todos que no está siendo honesta y que eso no está bien, aunque también podrías ignorar sus comentarios, pues la gente podría creerle si ven que te pones a la defensiva.

Hagas lo que hagas, no cambia el hecho de que cuando una chica te pida que te detengas lo hagas. Algún día encontrarás a una chava más madura que sepa apreciar a un auténtico caballero.

A mi novia le gusta juguetear antes del sexo. Dice que lo necesita para prenderse lo suficiente antes de la penetración. Pero, cuando fajamos por mucho tiempo, eyaculo y entonces ya no podemos hacerlo. ¿Qué debo hacer?

Hay formas de juguetear antes del sexo que no requieren tanta estimulación directa de tus partes y que aun así son capaces de excitar a tu novia. Puedes usar las manos y no permitir que ella te toque, o puedes dejar que ella se toque mientras le dices cosas cachondas.

También sirve que recuerdes que no siempre vas a eyacular aunque se froten con la ropa puesta. Lo más probable es que con el tiempo tu cuerpo se vuelva más tolerante a este tipo de contacto y que aprendas a tener un mejor control físico y mental de tus orgasmos.

Cuando mi novio y yo comenzamos a besarnos, me doy cuenta de que tiene una erección, pero él no hace más que besarme. Dice que su mamá le ha dicho que debe respetarme, pero creo que no me respeta porque yo realmente quiero llegar más lejos y él no parece entenderlo. ¿Cómo puedo lograr que me haga otras cosas sin que sea yo la que siempre tome la iniciativa?

La mejor forma de enfrentar estos problemas es hablar sobre ellos, pero no cuando están ocurriendo. Si es evidente que está excitado, es probable que no sea el mejor momento para darle a entender que debe subirle a la intensidad, pues puede sentirse presionado. Parece que lo pone nervioso llevar las cosas demasiado lejos, pero debe ser por una buena razón. Cuando están excitados, los chavos son como Hulk. No, no cambian de color ni avientan autos, pero quizá se dejen llevar con mucha facilidad por el deseo, y puede costarles mucho trabajo no querer ir de cero a cien en unos segundos.

Por fortuna, hay muchas mamás que recuerdan sus días de ligue con los chavos y que le enseñan a sus hijos a ser considerados con el ritmo de sus relaciones. La siguiente vez que salgan (con ropa y sin erecciones), traten de hablar del tipo de cosas que les gustan. No tienes que reclamarle que lo está haciendo mal, por el contrario, es mejor que le digas cómo te gustaría que te tocara y cuáles son tus límites. Si dejas en claro qué pueden hacer y qué no, él tendrá menos de qué preocuparse.

Ahora bien, tú también debes respetarlo. Tal vez estás lista para llegar más lejos, pero quizá él necesita más tiempo porque está nervioso o por sus creencias personales. Si te dice que no está preparado, dale un poco de espacio y quédense en primera base.

No hay preguntas tontas... excepto esta

Si quiero llegar a tercera base en la primera cita, ¿ayuda que lleve un bat?

Capítulo 6
Sexo oral, vaginal y anal

¿Por dónde dices que vas a meter eso?

El primer tipo de sexo del que la mayoría de nosotros oímos hablar en clase (o en los programas de tele) es del tradicional, el que sirve para hacer bebés: cuando el pene se introduce en la vagina. Después aprendemos que hay muchas otras maneras de tener sexo. Como nadie está seguro de si el sexo axilar es real o solo una leyenda urbana, nos enfocaremos en los tres tipos principales: oral, anal y vaginal. Cada uno tiene sus delicias y sus desventajas. Si tienes una vida sexual activa, debes saber lo que estás haciendo para protegerte, sin importar dónde termine tu pene, vagina o boca.

Sexo vaginal

Este es el tipo de sexo más común. Es el que hombres y mujeres han practicado desde el principio de los tiempos. También sirve para hacer bebés. (Si no sabes cómo se hacen los bebés a través del sexo vaginal, ve inmediatamente a la página 15 para tomar un curso intensivo sobre reproducción.) Las lesbianas también tienen sexo vaginal, aunque la forma en la que lo hacen es un poco diferente, pero eso lo veremos más adelante.

Sexo vaginal heterosexual

Los ingredientes para el sexo vaginal entre hombres y mujeres son: un pene, una vagina, un condón y un pelícano. ¿Por qué un pelícano? Pues porque necesitarás un lugar para guardar los condones, y los picos de los pelícanos son bastante grandes. Un cajón, una cajita o un bolso pueden cumplir la misma función.

También querrás usar un lubricante para ayudarle al pene a entrar a la vagina. No todo mundo lo necesita, pero es útil tenerlo por si acaso. Siempre debes usar un lubricante a base de agua (como Soft Lube y K-Y), porque los que son a base de aceite (como la Vaselina, los aceites minerales o la crema para manos) rompen el material del que están fabricados los condones. Además, los que están hechos a base de agua son mejores para la salud de la vagina.

Antes de la penetración, ambos deben preparar sus cuerpos mediante el "pre", sobre el cual ya debes haber leído en el capítulo 5 (a menos de que hayas hecho trampa y te hayas saltado directamente hasta este capítulo). El "pre" sirve para asegurar que el pene está lo suficientemente duro y la vagina lo suficientemente lubricada,

lo cual permitirá que el sexo sea más cómodo para ambos. (También permite que el sexo sea más seguro, pues la lubricación ayuda a prevenir que el condón se rompa debido a la fricción y evita pequeños desgarres en las paredes de la vagina, que hacen que las chavas sean más propensas a contagiarse de alguna enfermedad.)

Cuando estén listos para tener sexo, pongan el condón en el pene (para conocer la mejor forma de hacerlo ve a las páginas 112 y 113 del capítulo 7).

Aquí van algunas de las cosas principales en las que debes pensar si tienes sexo vaginal heterosexual.

1. Posiciones

La mayoría de los primerizos comienzan con la chava recostada boca arriba, con las piernas abiertas y el chavo encima de ella. A esta se le conoce como la **posición del misionero**. Aunque sería increíble que nuestros genitales conocieran el camino hacia los de nuestra pareja, tal vez se te dificulte que el pene llegue al lugar correcto, así que siéntete con la confianza de guiarlo con la mano.

Aunque esta posición es la más común, no siempre es la mejor para todos. Como nuestros cuerpos son diferentes tanto por fuera como por dentro, no todas las personas se acoplan exactamente de la misma forma. Si alguna posición no te funciona, y aún tienes ganas de seguir, hay muchas otras posturas que pueden intentar. Además de la protección, lo más importante que debes recordar cuando empieces a tener sexo es que ambas personas deben sentirse a gusto. Si duele, deja de ser divertido.

2. Velocidad

Chavos: no olviden que van a meter el pene en un lugar en el que tal vez nunca ha habido uno, así que sean cuidadosos. No entren ni salgan con demasiada fuerza y rapidez. Para llegar a la meta sexual, hay que ir despacio y mantener el ritmo. Vayan a una velocidad que ambos disfruten. Si es la primera vez que están juntos, de entrada querrán irse adaptando al cuerpo del otro. Después podrán ir variando la velocidad. Aunque ya te lo hayamos dicho antes, recuerda que debes prestarle atención a la persona con la que te estás acostando. De vez en vez, pregúntale si lo que estás haciendo se siente bien o si deberías intentar otra cosa.

Ambos deben estar de acuerdo

El sexo y los fajes siempre deben ser consensuales, sin importar el tipo de sexo o con quién lo tengas. **Consensual** significa que ambas personas están de acuerdo en hacerlo, están sobrias y no tienen dudas ni preguntas. Si no es consensual, se le considera abuso sexual o violación. Más o menos 1 de cada 5 chavas y 1 de cada 10 chavos ha sido víctima de abuso sexual antes de llegar a la edad adulta. Como verás, es un problema grave. En el caso de los chavos, también existe el riesgo de violación durante una cita, que es cuando alguien que conoces te obliga a tener relaciones sexuales con él o ella (suele ser alguien con quien sales o a quien conoces en una fiesta). Si te obligan a tener relaciones en contra de tu voluntad (aunque digas que no en el último minuto, ya te hayas acostado con esa persona o tengas una vida sexual activa) se considera violación y no es tu culpa.

Si bien nunca serás culpable de que alguien abuse de ti, puedes tomar algunas precauciones para disminuir las posibilidades. En vez de solo salir con una persona a la que no conoces bien, propón una cita grupal. Tampoco te emborraches en las fiestas o en una cita para que estés consciente de lo que haces. Otra opción es tomar clases de defensa personal para aprender cómo detener a alguien que intente propasarse. Si han abusado de ti de cualquier forma, intenta platicarlo con un adulto o terapeuta de confianza, o checa los recursos que vienen al final de este libro.

Sexo vaginal lésbico

Ahora que el sexo entre pene y vagina ha quedado claro, hablemos del sexo entre chicas. Hay distintas formas en las que dos chavas pueden tener sexo vaginal, y en cada una la protección también es muy importante.

1. Penetración o estimulación con un juguete

Una forma en la que dos chavas pueden tener sexo vaginal es usando juguetes como *dildos* (un pene falso de hule o silicón), vibradores o incluso arneses. En el caso de los *dildos*, una chava se lo inserta a la otra en la vagina. Si vas a usar uno de estos, lee los consejos sobre velocidad y posiciones de la sección anterior. Insértalo con cuidado y asegúrate de que tu pareja está a gusto con el ritmo y la profundidad. Los vibradores suelen usarse para estimular sin que haya penetración, y se pueden aplicar diferentes grados de presión en distintas zonas.

Siempre debes estar segura de que los juguetes se encuentran completamente limpios antes de insertarlos, aun si solo los usa una de ustedes, porque también pueden provocar varios tipos de infecciones. La mayoría viene con instrucciones para lavarlos: léelas con atención. Muchas personas prefieren cubrirlos con un condón nuevo cada vez que los usan, ya que esta es una buena forma de asegurarse de que siempre estén limpios.

2. Sexo manual

Otro tipo de sexo vaginal entre chicas es el manual, que incluye prácticas como el dedeo (ve la página 76) y el *fisting* (ve la página siguiente). Por lo regular, las parejas hetero las consideran parte del "pre", pero para las lesbianas son relaciones sexuales completas.

3. La tijera

Es una práctica en la que las chavas entrelazan las piernas de modo que sus vaginas se frotan entre sí. Muchas parejas de lesbianas afirman que es lo más íntimo que pueden hacer en la cama. Hasta el momento no hay forma de practicar este tipo de sexo de forma segura porque los genitales están en contacto directo. Ya que es una práctica riesgosa, solo debes hacerla si estás en una relación de compromiso a largo plazo y ambas se han hecho pruebas para detectar ITS.

¿Las chicas se la pasan mejor?

Mucha gente cree que si dos mujeres tienen relaciones sabrán intuitivamente cómo complacerse porque tienen la misma anatomía. Es un mito, igual que creer que todas las mujeres nacen sabiendo cocinar y criar bebés. Todas las chavas tienen gustos diferentes, por lo que también en las relaciones lésbicas se requiere un poco de ensayo y error para que las parejas se entiendan.

¿Qué es el *fisting*?

Fisting es un derivado de la palabra *fist*, que en inglés significa puño. Pero no te asustes, porque aunque sí implica introducir la mano completa en la vagina (o el ano), los dedos suelen estar estirados con las puntas tocándose, y no con el puño cerrado. La persona que haga el *fisting* (con lubricación y un guante de hule por protección) introducirá primero un dedo y luego, con el permiso de la otra persona, añadirá los siguientes de forma gradual.

Esta práctica no es para todos, porque la mano puede ser más ancha que un pene y meterla llega a ser incómodo para algunos. Se le considera un acto sexual para avanzados ya que se trata de algo bastante riesgoso (y por lo tanto no se debe intentar necesariamente en los primeros encuentros), pues incluye la posibilidad de un sangrado excesivo (causado por el desgarre muscular) y mayores probabilidades de contraer una ITS. Es algo que se debe hacer con muchísimo cuidado, y debe haber mucha confianza entre los involucrados, además de una excelente comunicación, para que ambos sepan exactamente hasta dónde lo disfrutan y cuándo detenerse.

Sexo anal

Implica meter el pene (o algo parecido a un pene) en el ano. Se suele creer que es un tipo de sexo exclusivo de los hombres gays, pero las parejas hetero también lo hacen, y las lesbianas pueden hacerlo con un juguete.

El sexo anal es más complicado que el vaginal o el oral, así que debes estar realmente seguro de querer intentarlo. Requiere mucha preparación y también puede ser doloroso. Aun si eres gay, no es regla que debas tener sexo anal. Piénsalo: si vas a dejar que te hagan sexo anal solo porque te presionan o porque crees que es un acto más "virginal" que otros tipos de sexo, mejor no lo hagas. Nunca está bien hacer algo bajo presión, y ade- más sigue siendo sexo, así que no tie- ne nada de virginal.

Asimismo, si tienes muchas ganas de tener sexo anal, pero tu pareja se opone por completo, no tienes de otra más que respetar su decisión y no volver a tocar el tema. Tal vez al- gún día se sienta lo suficientemente cómoda como para intentarlo y te lo haga saber. Pero, hasta que eso no ocurra, no intentes manipularla para que haga algo que no desee hacer.

1. Preparación

Si ambos están de acuerdo en tener sexo anal, recuerden que se requiere más preparación que en otros tipos de sexo. Necesitarán lo siguiente:

Condones resistentes. Deberás conseguir condones de excelente calidad, no de los de oferta. Un condón de látex normal del tamaño correcto bastará. Si eres alérgico al látex puedes usar condones de poliuretano. Había quienes afirmaban que usar un condón de poliuretano se sentía como ponerse una bolsa de plástico en el pene, pero este tipo de preservativo ha mejorado con los años.

Lubricación. A diferencia de la boca o la vagina, el ano no se lubrica solo. Además del condón, que por lo regular viene lubricado, usar un lubricante a base de agua hará que el proceso sea mucho más sencillo. No olvides que debe ser a base de agua, porque los que son a base de aceite rompen el material del que están hechos los condones. Quizá hayas pensado en comprar uno de esos lubricantes que adormecen el ano y evitan que el sexo anal sea doloroso. No es recomendable usar estos productos porque es necesario que estés pendiente del dolor que puedas sentir, ya que es la forma en la que tu cuerpo te dice si algo anda mal.

Un lugar cómodo y tranquilo en donde haya un baño. Ni se te ocurra tener sexo anal en el auto de tu mamá o en cualquier otro lugar donde no haya un baño cerca donde puedas asearte después.

2. Ir por pasos

Ponte un poco de lubricante en el dedo y (¡con cuidado!) introdúcelo en el ano de tu pareja. Comienza despacio y no lo metas todo, pues el ano es una zona muy sensible y los músculos pueden contraerse y apretar mucho. Si tu pareja se siente lo suficientemente cómoda con un dedo, intenta meter dos y si las cosas van bien, pon un tercero debajo de los otros dos. Tres dedos son más o menos del ancho de un pene normal, así que si puedes deslizarlos hacia dentro y afuera con facilidad, es probable que tu pareja esté lista para el sexo anal.

3. Posiciones

Aunque se puede tener sexo anal en la posición del misionero (acostados y frente a frente), es más fácil tener sexo anal las primeras veces si la persona que va a ser penetrada está en cuatro puntos con la espalda arqueada y el trasero al aire.

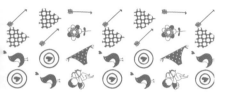

¿Por qué lo hacen?

Después de tanto hablar de preparación y de dolor, te preguntarás por qué la gente se interesa en tener sexo anal. Los chavos tienen una glándula llamada **próstata** al interior del ano, que produce placer y puede provocar un orgasmo si se estimula con un dedo, un juguete o con el pene. Algunas mujeres también tienen puntos erógenos en esa área. Además, la persona que penetra puede disfrutar la sensación que ocasiona el ano alrededor del pene. También es una forma común de sexo en la comunidad gay, que puede ser tan romántica como cualquier otra. Hay muchas otras razones por las cuales a la gente le gusta, pues nuestros cuerpos tienen diferentes puntos de placer, y hay quienes tienen uno justo entre las nalgas.

¿Y si le cae caca al pastel?

El sexo anal se trata de meter algo en un lugar por donde más bien salen cosas. Una vez dicho esto, te preguntarás qué papel juegan las heces en todo el proceso. Hay dos puntos importantes que debes tener en cuenta cuando se entra por la puerta trasera.

1. Nunca metas el pene (ni las manos ni juguetes sexuales) en la vagina o la boca si antes ha estado en el ano. La caca está llena de bacterias (razón por la cual no nos la comemos), y si esas bacterias llegan a la boca o a la vagina sin duda te meterás en problemas. La persona penetrada puede enfermarse gravemente, pues existe el riesgo de contraer parásitos o hasta una infección de vías urinarias (¡no es gracioso!). Si decides ir de un orificio a otro, usa un condón nuevo y lávate las manos y el pene, o limpia muy bien el juguete sexual.

2. Ve al baño antes, o al menos asegúrate de que no habrá heces haciendo fila para salir. La presencia de heces en la parte baja del colon, que es la zona por la que transitará el pene, puede hacer que la experiencia sea sumamente incómoda. Algunas personas describen la sensación que provoca el sexo anal como "defecar a la inversa", así que lo último que necesitas es tener más relleno en el trasero.

4. *Tips*

Para el receptor: prueba distintas posiciones hasta que encuentres la que más te acomode. Algunas personas lo hacen recostadas boca abajo, de lado, arrodilladas, o incluso boca arriba. No olvides respirar profundo, relajarte tanto como puedas y tener la confianza de decirle a tu pareja si algo no te gusta. A veces, el sexo anal puede provocar pequeños desgarres o sangrado. Si te ocurre cada vez que lo haces, vale la pena que vayas al médico, pues las posibilidades de infectarte de algo aumentan.

Para el que penetra: aunque quieras ir rápido, mantén la calma y ve a una velocidad que sea agradable para el chavo o chava que ha tenido la gentileza de dejarte entrar por la puerta trasera. Pon atención a los sonidos que pueda emitir tu pareja o a lo que te diga, y si te das cuenta de que el condón tiene algún tipo de problema, detente de inmediato.

Sexo oral

Es el tipo de sexo que desde hace enemil años les ha provocado dolores de quijada a hombres y mujeres.

El sexo oral consiste en estimular los genitales con la boca, y si ambas personas se sienten a gusto, lo pueden disfrutar tanto (si no es que más) que otros tipos de sexo. Las tres variantes básicas del sexo oral son el **cunnilingus** (al que también se le dice *bajarse, comérsela*), **felatio** (*guagüis, hacer una chambita, bajarse por los chescos*) y **anilingus** (vulgarmente conocido como *beso negro*). El **69** es cuando dos personas se acuestan con la cara frente a la ingle de la otra para hacerse sexo oral al mismo tiempo.

A la gente suele gustarle este tipo de sexo porque es una forma muy íntima de compartir su cuerpo con alguien más, además de que la mayoría opina que se siente muy bien. Ya que no hay penetración, también es una forma de sexo más delicada, pero no creas que porque el pene no entra a la vagina o al ano no debes de protegerte, pues las ITS (como el herpes) también pueden transmitirse durante el sexo oral.

Cuando le hagas sexo oral a una chava, puedes usar un **dique dental** para prevenir la transmisión de ITS. Estos son unas sábanas delgadas de poliuretano o látex que se colocan extendidas sobre la vulva completa (que incluye tanto la abertura vaginal como el clítoris) durante el sexo. Deben mantenerse en su lugar y por lo regular los hay de sabores, así que puedes deleitar tus papilas mientras satisfaces a tu novia. Si no tienes un dique dental, puedes cortar con cuidado un condón a lo largo y usarlo del mismo modo.

Si le vas a hacer sexo oral a un chavo, puedes usar condones para prevenir contagiarle algo al pene o viceversa. Los hay de sabores o simples, solo no vayas a lamer uno que tenga espermicida.

Hacerle sexo oral a una chava

Referirse al *cunnilingus* como "comerla" no debe tomarse precisamente como una descripción literal, pues hacerlo así puede terminar mal, con gritos y toda la cosa. La vagina es muy sensible y debe ser tratada con delicadeza. De hecho, entre la cintura y los muslos hay muchas zonas que a las chicas les gustan que les besen, así que puedes empezar por ahí. Antes de aventarte un clavado, mira lo que tienes enfrente. Localiza sus labios y el clítoris, el cual se encuentra debajo del prepucio clitorial (ve el diagrama en el capítulo 1). Explora con la lengua los distintos lugares y observa qué le gusta y qué no. No te dejes llevar y lo hagas con demasiada fuerza y velocidad. Es mejor comenzar sensualmente despacio, y observar las reacciones de su cuerpo. Aunque no sea muy cómodo, de vez en cuando levanta la mirada para ver si lo está disfrutando, y si no estás seguro, puedes preguntárselo. Solo recuerda que hablar con la boca llena es de mala educación.

Hacerle sexo oral a un chavo

A lo mejor has escuchado que al practicar la *felatio* debes meterte el pene completo en la boca y luego mover la cabeza como si estuvieras diciendo que sí con mucho entusiasmo. Si es lo que te han dicho, te mintieron. La parte más sensible del pene es la cabeza, aunque no por enfocarte en ella debes ignorar lo demás. Puedes usar la mano para controlar la velocidad y la profundidad, e incluso puedes aventurarte a tocar el resto de la mercancía y ver cómo reacciona tu chavo. El contacto en toda la zona alrededor del pene puede tener un efecto muy placentero si lo haces bien, así que ¿por qué no intentas explorarla?

Recuerda algo muy importante: los penes y los dientes no son buenos amigos. Algunos chavos pueden excitarse con la sensación de los dientes en el área del tronco, sin embargo la cabeza es muy sensible y manipularla con la dentadura puede provocar gritos... pero de dolor. Una forma de evitar el roce excesivo es cubrir la dentadura con los labios.

Hacerle sexo oral a un trasero

Cuando hagas o te hagan un *anilingus*, debes aplicar las mismas reglas de higiene que en cualquier otro tipo de sexo. Asegúrate de que la zona esté limpia y de asearte la boca antes de besar o lamer cualquier otra parte del cuerpo de tu pareja. Además, usa un dique dental como los que se usan para el sexo oral vaginal. Si al leer esto te preguntas por qué a alguien le interesaría lamer un ano, tal vez esta práctica no es para ti. Algunas personas disfrutan mucho la sensación que les produce y lo consideran una forma de expresarle a su pareja que les gustan todas las partes de su cuerpo.

El placer de complacer

Aunque hay personas que parecen siempre saber lo que hacen, no todos nacimos siendo maestros sexuales. En realidad esto es algo bueno, porque aunque tu novio o novia no sean muy talentosos en la cama, siempre serán capaces de aprender... ¡y tú también!

¡Ya vente!

Solemos darle mucha importancia al orgasmo durante el sexo, pero como ya discutimos antes no es la parte más importante de la relación. Si lo alcanzas, ¡genial! Si no, concéntrate en disfrutar el sexo en sí. Tal vez alcances un orgasmo la siguiente vez, pero no pasará si te preocupas demasiado por ello.

Además, no todos alcanzamos el orgasmo de la misma manera. Para algunos, es más fácil a través del sexo oral. Para otros, a través del sexo penetrativo o de la masturbación mutua. Esto aplica para chavos y chavas. Hay quienes necesitan estar en una cierta posición o masturbarse. Algunas chavas necesitan que se les frote el clítoris. Hay gente a la que le gusta que le toqueteen los pezones de una forma precisa. Como todo, son gustos muy personales, así que juntos descifren qué es lo que les funciona mejor. También recuerda que no es muy común que dos personas lleguen al orgasmo al mismo tiempo, así que no te malviajes si tu pareja no lo alcanza y tú sí, o viceversa.

El misterioso punto G

Muchos creen que existe una región llamada **punto G** que es una parte de la vagina más sensible que todas las demás. Se dice que se encuentra dentro de la vagina en la pared superior a unos 5 o 7 cm de la abertura. La forma más fácil de estimularlo es con los dedos, así que si ya los tienes dentro de la vagina de tu novia, puedes tratar de ver cómo reacciona si estimulas esta área. Algunas aseguran que este es su punto de placer sexual, y otras afirman que no es la gran cosa. Como todo lo relacionado con sexo, depende de cada quien.

¿Cuando se le hace sexo oral a un chavo y eyacula, ¿cómo sé si debo escupirlo o tragármelo?

De entrada asumiremos que estás en una relación monógama y que ambos se han hecho pruebas de ITS, y que por eso no usan condones para el sexo oral. También debes estarte asegurando de no tener fuegos labiales cuando le hagas sexo oral a tu novio, porque podrías contagiarle un herpes que se vuelva genital. Una vez aclarado lo anterior, pasemos a la respuesta.

Escupir o tragarse el semen durante el sexo oral es, sobre todo, una cuestión de gusto personal. Cuando te lo tragas, tienes la oportunidad de que el pene se quede en tu boca por más tiempo y se prolongue el sexo oral en un momento en el que el pene está sintiendo mucha felicidad. También es una forma de expresarle a tu novio que te gusta tanto su pene que con gusto te tragarías su semen. Estas son razones por las cuales algunas personas están de acuerdo con tragárselo.

Ahora bien, no a todo el mundo le gusta tragar, ni todos los chavos gozan viniéndose en la boca de alguien más. Si no eres el tipo de persona que disfrute tragárselo, hay otras maneras de lidiar con el posible momento del orgasmo. Puedes salirte del cuarto e ir al baño a escupir y después enjuagarte la boca, o puedes dejar de hacerle sexo oral cuando esté a punto de terminar y, si él quiere, dejarlo que se masturbe o masturbarlo tú hasta que acabe.

No es necesario tener un plan previo al oral, pero si eres quien va a hacerlo, hazle saber a tu chico dónde te gustaría que terminara (ya sea adentro o afuera). No tiene nada de malo que te detengas por un momento para decir unas palabras. Si es tu pene el que está en la boca de alguien más, avísale a esa persona cuando estés por venirte y deja que ella decida lo que pasará después.

Estoy saliendo con un chico al que parecen gustarle mucho mis senos. O sea, se ve que le gustan mucho. Insiste en poner su cosa entre ellos como si estuviera teniendo sexo. Es un poco raro. ¿Qué debo hacer?

Como todos sabemos, algunos chavos son grandes entusiastas de los senos y no por nada, pues los senos son geniales. Es completamente normal que un chavo con el que tienes intimidad desee frotarse con tu cuerpo, ya sea con tus manos, pies, piernas o senos.

Siempre y cuando a ti también te guste que frote su pene entre tus senos (y limpie después), puedes considerar que es algo normal. También es mucho más seguro que algunos de los tipos de sexo que mencionamos en este capítulo, y definitivamente no tendrás que preocuparte de un embarazo. Pero si te incomoda, hazle saber que no quieres que lo haga. Al igual que cualquier actividad sexual, es importante que ambos disfruten lo que hacen juntos.

Mi novia quiere hacer un 69 conmigo, pero no estoy seguro de querer que su nariz esté tan cerca de mi trasero. Le dije que en algún momento lo haremos, pero aún no sé si lo quiero hacer. ¿Qué hago?

Supongo que en este punto de su relación se han hecho sexo oral mutuamente, así que se deben sentir bastante cómodos con el cuerpo del otro. Como ya lo hemos comentado, el 69 es únicamente una extensión del sexo oral, solo que en vez de que sea uno el que da y otro el que recibe, aquí ambos hacen las dos cosas al mismo tiempo. A menos de que tengan vocación de contorsionistas y lo estén haciendo boca abajo y al revés, la nariz de tu novia no estará tan cerca de tu trasero.

Si realmente te preocupa, puedes bañarte antes de hacer el 69. La higiene siempre se agradece cuando vas a tener un momento cachondo. En el caso de que en realidad no quieras hacerlo, solo díselo, pues hay muchas otras formas en las que pueden divertirse.

Tengo muchas ganas de intentar el sexo anal con mi novia, pero temo que piense que soy un pervertido. ¿Está mal querer intentarlo?

El cuerpo humano es algo maravilloso y tiene varios lugares donde poner un pene. Tal vez este no sea el mejor argumento para comenzar a hablar del tema con tu novia, pero es cierto. Imagina en qué lugares podrías poner tu pene, y te apuesto que ya alguien lo ha intentado hacer antes. Para los humanos, el ano no es un territorio extraño y sin explorar, así que en definitiva no eres un pervertido. Al menos no por esto.

Sin embargo, si te preocupa que tu novia pueda reaccionar mal a la idea de que entres por la retaguardia y preguntárselo directamente no es una opción, puedes tratar de promoverlo con sutileza. La próxima vez que la estés dedeando o le estés haciendo sexo oral, pídele permiso para insertarle con mucho cuidado un dedo (de preferencia el meñique y no el pulgar) por el ano. Si no le gusta, te lo hará saber. (Por ningún motivo vayas a meter ese mismo dedo en su vagina o boca después, a menos de que te lo hayas lavado muy bien.)

Si no le parece tan malo que le insertes algo por ahí, entonces trata de negociar la posibilidad de insertarle con delicadeza un dedo más grande, tal vez después dos, y quizá entonces el pene. Toma en cuenta que no todo el mundo disfruta del sexo anal y que hay para quienes es doloroso. Si a tu novia le duele o expresa su incomodidad, deja de hacerlo.

Mi novio y yo hemos intentado tener relaciones varias veces, pero me duele. ¿Habrá algo mal? ¿Será posible que su pene sea demasiado grande para mi vagina? ¿Puede haber otras razones?

Es posible que el pene de tu novio sea demasiado grande para tu vagina. Ya que los penes varían en tamaño y las vaginas en profundidad, hay cuerpos que simplemente no encajan. Aunque pueden intentar diferentes posiciones y le puedes pedir que sea muy cuidadoso, quizás su pene no pueda entrar completo. Tal vez te ayude usar un *dildo* por tu cuenta para familiarizarte con el tamaño y la sensación básica de tener algo ahí adentro.

Otros factores que pueden influir son que estés tensa por alguna razón (que te preocupe la privacidad o un embarazo, por ejemplo) y no produzcas suficiente lubricación natural; que quizá te esté penetrando demasiado rápido o demasiado pronto; o que, debido a tus nervios, tus músculos vaginales se contraigan demasiado y no permitan la entrada del pene. Cualquiera de estas situaciones puede provocar que el sexo sea doloroso.

El dolor también puede indicar que algo no está del todo bien a nivel físico. Podrías tener una infección vaginal, que puede o no ser una enfermedad de transmisión sexual (ve al capítulo 7). Tal vez tengas un padecimiento que algunas chicas han denominado **vaginismo**, el cual provoca que tus músculos vaginales tengan espasmos involuntarios y que el sexo sea muy incómodo o incluso imposible. Si es así, el dolor vaginal también se presentará cuando te traten de hacer un examen pélvico. Incluso hay padecimientos nerviosos que causan dolor en el área vulvar cuando se tienen relaciones sexuales y, aunque no son permanentes, requieren tratamiento. Si sospechas que algo no está bien "allá abajo", ve al médico tan pronto como puedas.

LUBRICANTE
A BASE DE AGUA

No hay preguntas tontas...
excepto esta

Si trago mucho semen, ¿haré anticuerpos y me volveré inmune a un embarazo?

Capítulo 7
Cómo cuidarte

Evita a toda costa las enfermedades

Si eres chavo o chava y tienes sexo de cualquier tipo, necesitas protegerte. Esto no significa que debas contratar a un guardaespaldas, pero sí que debes asegurarte de no contagiarte o contagiar a alguien de una ETS o ITS (también implica evitar embarazos, pero ese es un tema que trataremos en el siguiente capítulo).

ITS y ETS no son el tipo de abreviaturas que se utilizan en los mensajes de texto. Una ITS (infección de transmisión sexual) es una infección que se contagia por contacto sexual, y ETS (enfermedad de transmisión sexual) es como se denomina a la infección cuando aparecen los síntomas. Se utilizan estos dos nombres diferentes porque alguien puede tener una infección sin presentar síntomas y aun así pasársela a otra persona, quien puede desarrollar la enfermedad completa. El punto es que no quieres tener ninguna de las dos. En este capítulo te proporcionamos más información para que sepas qué son las infecciones de transmisión sexual, cómo puedes prevenirlas y qué debes hacer si te contagias de una de ellas.

¿Cómo se transmiten las ITS?

Las ITS se transmiten de dos formas: a través del contacto piel a piel y por medio del intercambio de fluidos corporales durante el sexo oral, vaginal o anal. También se pueden contagiar por el contacto entre genitales (pene o vagina) y entre boca y genitales. Hay ITS leves y otras más graves, así como hay algunas que son curables (que se eliminan con medicamentos) y algunas que solo son tratables (o sea, que se pueden controlar los síntomas, pero el virus siempre estará en tu sistema).

Conoce mejor tus ITS

Obviamente esperamos que no tengas una ITS, pero por si acaso, aquí te va un breve repaso de las más comunes, lo que provocan, cómo se contagian y cuál es el tratamiento adecuado para cada una de ellas.

ENFERMEDAD: Herpes simple tipos 1 y 2 (VHS 1 y 2)

Cómo se contagia: por contacto piel a piel durante el sexo vaginal, anal u oral, o durante actividades sexuales en las que se frota la piel expuesta. **Síntomas:** el VHS-1 (o fuegos labiales) suelen aparecer en la boca y el VHS-2 por lo regular se presenta en los genitales, aunque ambos pueden aparecer en los dos lugares. Si tienes VHS en la boca, de vez en vez te aparecerán fuegos cuando tengas un "brote". Si has estado expuesto a herpes genital, lo más probable es que sientas picazón en los genitales o dolor, seguido de unas llagas dolorosas que aparecen entre 2 y 20 días después del contagio. También puedes tener dolor al orinar, fiebre y dolores de cabeza. Sin embargo, algunas personas no presentan síntomas, así que es importante recordar que hay riesgo de infección aunque no haya manifestaciones. • **Exámenes de laboratorio:** toma de muestras de la zona infectada o análisis de sangre. • **Tratamiento:** no hay cura para el herpes, así que una vez que te has contagiado lo tendrás toda la vida. Se puede tratar con antivirales, los cuales disminuirán la frecuencia y duración de los brotes, y reducirán las probabilidades de transmitírselo a alguien más.

ENFERMEDAD: Virus de Inmunodeficiencia Humana / Síndrome de Inmunodeficiencia Adquirida (VIH / SIDA)

Cómo se contagia: por el intercambio de fluidos corporales, sobre todo a través del sexo vaginal y anal, aunque en casos raros también por medio del sexo oral. Cuando solo está presente el virus, se considera que una persona es VIH positivo; una vez que se presentan los síntomas, se considera que el paciente tiene SIDA. **Síntomas:** los síntomas no suelen aparecer sino hasta 7 o 10 años después del contagio, lo cual facilita que alguien lo transmita sin saberlo. El virus afecta al sistema inmunológico y destruye las células que combaten las enfermedades infecciosas en el organismo. La gente con VIH se contagia de enfermedades graves que normalmente no adquiriría. Los síntomas comunes son las infecciones recurrentes, así como la pérdida de peso, diarrea crónica, manchas blancas en la boca, fiebre, fatiga, infecciones vaginales, brotes y llagas abiertas en la piel y sudoraciones nocturnas. Con el tiempo se presentan infecciones y enfermedades recurrentes y de gravedad, que pueden ocasionar la muerte. • **Exámenes de laboratorio:** toma de muestras de la boca o análisis de sangre. • **Tratamiento:** no existe cura para el VIH / SIDA, pero hay medicamentos antirretrovirales que estimulan el sistema inmunológico y prolongan la vida de la persona infectada y le permiten llevar un estilo de vida activo. Estos medicamentos pueden tener efectos secundarios graves, y el virus puede volverse resistente al tratamiento. El hecho de que no sea curable y sea letal es lo que hace tan importante su prevención. En la actualidad hay algunos tratamientos experimentales de emergencia que previenen la infección justo después de la exposición, pero es difícil conseguirlos pues no los hay en muchos lugares.

ENFERMEDAD: Virus de Papiloma Humano (VPH)

Cómo se contagia: contacto piel a piel durante el sexo vaginal, oral o anal. **Síntomas:** el VPH es un virus (existen más de 100 tipos) que puede provocar un crecimiento anormal de células en el cuello uterino y hasta cáncer. Algunas cepas de este virus causan verrugas genitales. En las chavas, aparecen en la vulva, la vagina, el cuello uterino o en el ano, o en zonas cercanas. Pueden ser de diferente tamaño, y por lo regular son blancuzcas o del color de la piel, por lo que a veces no son fáciles de ver. También puedes infectarte de VPH y no tener verrugas, pero aun así puedes contagiarle el virus a alguien más. • **Exámenes de laboratorio:** toma de muestras del cuello uterino de la mujer (lo que se conoce como **papanicolau**). Para los hombres no hay pruebas específicas. • **Tratamiento:** por lo regular el cuerpo se curará de la infección en uno o dos años, pero cuando hay problemas médicos secundarios, como verrugas o cáncer, se les debe dar un tratamiento más agresivo. Existe una vacuna relativamente nueva para las mujeres entre 9 y 26 años que es efectiva para prevenir el contagio de ciertos tipos del virus, así que pregúntale a tu médico por ella.

ENFERMEDAD: Gonorrea

Cómo se contagia: intercambio de fluidos durante el sexo vaginal, anal u oral. **Síntomas:** es una bacteria que se desarrolla en la calidez y humedad del tracto reproductivo y provoca dolor al orinar, flujo oloroso, fiebre y gran dolor abdominal. También puede causar esterilidad o incapacidad para reproducirse. Esta misma bacteria puede multiplicarse en la boca, garganta, ojos y ano. • **Exámenes de laboratorio:** toma de muestras de la boca, ano, vagina, cuello uterino o del flujo que emite el pene. • **Tratamiento:** antibióticos.

ENFERMEDAD: Sífilis

Cómo se contagia: contacto piel a piel durante el sexo vaginal, anal u oral o por el contacto entre genitales. **Síntomas:** el primer síntoma son llagas indoloras (en el lugar donde se hizo contacto con el cuerpo de la persona infectada) que aparecen entre 10 días y 3 meses después del contacto sexual. A veces hay llagas al interior del ano o de la vagina que pasan desapercibidas. De 3 semanas a 6 meses después del contagio puede haber una enfermedad parecida a la gripa que va acompañada de salpullidos. Si no se trata, con el tiempo provoca ceguera, deterioro mental, dolores punzantes en brazos y piernas, pérdida de la sensibilidad en partes del cuerpo, daño en los órganos y la muerte. • **Exámenes de laboratorio:** toma de muestras de zonas en las que hay llagas abiertas (pene, vagina o ano) o análisis de sangre. Cuando la enfermedad está más avanzada, se hace una punción lumbar. • **Tratamiento:** antibióticos. Si no se trata, algunos de los daños son irreversibles.

ENFERMEDAD: Escabiosis

Cómo se contagia: contacto piel a piel durante la actividad sexual, así como con prendas de vestir o de cama infectadas. (La escabiosis o sarna se transmite de otras formas, así que si alguien la tiene no significa necesariamente que la adquirió por contacto sexual.) **Síntomas:** La escabiosis se presenta cuando unos diminutos insectos llamados **ácaros** que excavan la piel, ponen huevos y producen secreciones que causan un salpullido caracterizado por pequeños puntos rojos y úlceras, que aparecen primero con más frecuencia en la cintura, las rodillas, entre los dedos, en los genitales y los codos, pero que a la larga se extienden a todo el cuerpo. • **Exámenes de laboratorio:** examen médico de la piel. • **Tratamiento:** jabón medicado y lavado de toda la ropa personal y de cama.

ENFERMEDAD: Clamidia

Cómo se contagia: intercambio de fluidos durante el sexo vaginal, anal u oral. **Síntomas:** al igual que la gonorrea, la clamidia es causada por una bacteria. Es una de las ITS más comunes, porque 75% de las mujeres y 50% de los hombres no presentan síntomas (y la transmiten sin saberlo). Cuando se presentan las manifestaciones, que suelen aparecer entre 1 y 3 semanas después del contacto, incluyen dolor al orinar, espasmos abdominales (en particular durante la relación sexual), comezón o hinchazón testicular, y flujo genital. • **Exámenes de laboratorio:** análisis de orina o toma de muestras de la boca, el ano o el cuello uterino. • **Tratamiento:** antibióticos. Si no se trata, puede provocar enfermedad inflamatoria pélvica (EIP) o esterilidad / infertilidad.

ENFERMEDAD: Tricomoniasis

Cómo se contagia: intercambio de fluidos corporales durante el sexo genital (pene-vagina o vagina-vagina). **Síntomas:** la provoca un parásito que suele vivir en la vagina (en el caso de las mujeres) o en el meato (en los hombres). Los síntomas suelen aparecer entre 5 y 28 días después del contacto con una persona infectada e incluyen un leve escozor después de orinar, flujo vaginal espumoso y comezón y ardor en la vagina. • **Exámenes de laboratorio:** toma de muestras de la vagina o de las secreciones del pene. • **Tratamiento:** medicamentos por prescripción médica.

ENFERMEDAD: Ladillas (piojos del pubis)

Cómo se contagia: contacto de piel a piel (o más bien de vello a vello) durante la actividad sexual. Al igual que los piojos de la cabeza, también habitan en las telas, lo que hace posible adquirirlas al usar la ropa, toalla o sábanas de alguien más. Si estás cerca de ellas, te saltarán encima. • **Síntomas:** las ladillas son insectos diminutos que viven de chupar la sangre del huésped (o sea, tú), lo que causa comezón, además de que ponen huevos y se hospedan en el vello púbico. Los síntomas son notorios entre la primera y la tercera semana después del contacto. • **Exámenes de laboratorio:** son detectables a la vista. Las ladillas parecen escamas de piel y los huevos son como pequeños puntos grises o blancos que se pegan a los vellos púbicos. • **Tratamiento:** hay *shampoos* con medicamento especial que sirven para erradicar las ladillas, pero también deberás lavar toda tu ropa, tus toallas y tus sábanas para matarlas junto con sus huevos.

Cómo evitar contagiarte de una ITS

Ya que algunas ITS pueden transmitirse a través del contacto directo piel a piel, es más probable que te contagies de alguna de ellas a que te embaraces (sobre todo si eres hombre). Si tomamos en cuenta los altos porcentajes de transmisión de ITS y la facilidad con la que se transmiten algunas de ellas, resulta sorprendente que no estemos encerrados en burbujas teniendo sexo solo con robots. Lo malo es que los robots no son tan sexis como esa guapísima persona de tu clase de álgebra, y hasta que no se inventen burbujas que combinen con nuestro atuendo, seguiremos estando expuestos a la intemperie.

La mejor forma de protección, además de no intercambiar fluidos, es usar **condón**. Asegúrate de poner bien el condón y de usarlo para el sexo vagina, anal u oral. Chavas: conozcan los **diques dentales**, que son esas delgadas sabanitas de látex o poliuretano que se ponen sobre la vulva antes de que su novio o novia se baje a complacerlas.

Conoce los condones

No todos los condones son iguales. Si le echas un ojo a cualquiera de los sitios web de los principales productores de condones, encontrarás una gran variedad para elegir. ¿Cómo saber qué funda es mejor para tu pene? Para responder a esta pregunta, toma en cuenta la siguiente información.

Materiales

La mayoría de los condones está fabricado de látex, un material duradero y seguro que se usa para muchas cosas, desde maquillaje teatral hasta guantes de hospital. Hay quienes afirman ser alérgicos al látex solo para evitar ponerse un condón, pero de hecho es muy poca la gente que sí es alérgica a este material (les da comezón, resequedad y ardor cuando su piel entra en contacto con él). Para esta gente, existen condones de poliuretano, que están hechos de un tipo de plástico. En realidad son más delgados que los de látex, lo cual puede generar una mejor sensación, pero son un poco menos flexibles, así que pueden necesitar más lubricación para evitar que se rompan. Suelen ser más costosos. También los hay de piel de borrego, pero no te protegen contra las ITS y pues... es-

tán hechos de piel de borrego (¡guácala!). Aunque no seas un activista que defienda los derechos de los animales, debes aceptar que despellejar a un borrego no está nada *cool*.

Lubricación

Hay condones lubricados y sin lubricante, pero los primeros son mejores porque la lubricación ayuda a introducir el pene y a evitar que se rompa por la fricción. Si crees que necesitarás más lubricante que el que trae el condón, no agarres lo primero que encuentres para que resbale. Utiliza lubricantes a base de agua, porque los que están hechos a base de aceite rompen el condón por el tipo de material con el que este es fabricado. A veces hay quienes ponen un poco de su propio lubricante a base de agua (solo una gotita) dentro del condón para que el chico lo disfrute un poco más.

Algunos condones también están lubricados con un espermicida llamado nonoxinol-9, pero algunas chavas son sensibles a este componente. Además, ciertos estudios han demostrado que puede provocar un mayor riesgo de contagio de ITS, así que piénsalo dos veces antes de usar este tipo de condones.

Talla

A todos los chavos les encantaría comprarse condones XXL, pero en realidad no es recomendable que lo hagan. Si no se ajustan bien, no funcionarán bien. Si quedan muy flojos, se pueden zafar o permitir que el semen se salga. (Por el contrario, si están muy ajustados, pueden romperse.) Chavos: si en verdad quieren que las chavas piensen que lo tienen enorme, cómprense una caja de condones XXL y llénenla con unos de tamaño normal. O de plano acepten que lo tienen de tamaño regular. A nadie le gusta la publicidad engañosa y pues... de cualquier forma se darán cuenta de la realidad.

Extras

Hay condones de diferentes colores y, para el sexo oral, de distintos sabores. También los hay con formas distintas en la punta. Algunos están texturizados, lo cual significa que tienen algunos relieves al exterior, se supone que para que las chavas sientan más. Incluso hay algunos que traen anillos vibradores en la base. Los estilos han cambiado mucho a lo largo de los años. Encuentra tu favorito y nunca salgas de casa sin él.

¿Cómo se usan los condones?

A ver, chavos: ¡los condones son muy divertidos! Es como si jugaran a vestir a su pene con distintos atuendos, una y otra vez. Si les preocupa cuál es la mejor forma de usar un condón, además de como un gorrito buena onda, sigan estos sencillos consejos. Si lo hacen, estarán más cerca de conseguir una medalla al mérito (solo si son *boy scouts*).

1. Checa la fecha de caducidad del empaque, pues te indicará si aún está bien usar ese condón. Si ya se venció, tíralo y compra condones nuevos.

2. Abre el condón. No te protegen si los dejas en el empaque. Ábrelo con las manos (no con la boca ni con los pies), pero ten cuidado con las uñas.

3. Agarra la punta del condón con el índice y el pulgar. Asegúrate de sacar todo el aire. Coloca el anillo sobre el pene erecto. (Los condones no funcionan si el pene está flácido, así que espera a que esté lo suficientemente duro para ponerle el condón.)

4. Desenróllalo con cuidado hasta la base del pene. Tómate el tiempo suficiente para admirar lo mucho que hace resaltar tus cualidades físicas.

5. Después del sexo, quítatelo mientras el pene aún está erecto. No te quedes ahí gozando de felicidad, pues se puede derramar el contenido del condón mientras el pene vuelve a su tamaño normal. Tómalo por la punta y apriétalo para que el contenido se quede adentro. Con la otra mano toma el anillo y deslízalo hasta quitártelo.

6. No lo tires al excusado. Es malo para el medio ambiente y puede tapar los tubos de la cañería. Mejor envuélvelo en papel de baño y tíralo al bote de basura. Nunca lo recicles. Además de ser asqueroso, los condones solo son efectivos la primera vez que se usan.

> ## ¿Debería usar dos?
> Aunque se suele decir que dos son mejor que uno, esto no aplica para los condones. Usar un condón encima de otro puede reducir la eficacia de toda la operación. Usa uno de forma correcta y no necesitarás otro sino hasta la siguiente ronda.

¿Qué hago si se rompe o se sale?

A veces los condones se rompen o se salen de lugar. No es algo frecuente, pero llega a ocurrir. (Por eso es bueno tener un método anticonceptivo de respaldo. En el siguiente capítulo encontrarás más información al respecto.) Si se rompe, detente de inmediato. Revisa el lugar (es decir, la vagina o el ano) en busca de pedazos del condón roto. Quítatelo y tíralo a la basura.

En ocasiones hacen algo peor y más molesto: se salen de lugar y se quedan adentro de la otra persona. (Por eso es bueno revisar de vez en vez si el anillo está en la base del pene para asegurarse de que no se ha deslizado.) Si se sale dentro de tu pareja, haz lo correcto y ayúdala a recuperarlo. Pídele que se acueste, búscalo con los dedos y trata de agarrarlo del anillo. Hazlo con cuidado, pues estás ayudando a sacar un condón, no a explotar una mina.

Si quedó muy adentro de la vagina o el ano, no entres en pánico. La chava o el chavo puede sentarse en el excusado y pujar lo más que pueda a través del orificio en el que quedó atrapado (sea la vagina o el ano). Suena a que es algo muy incómodo, pero dejarlo adentro incrementa el riesgo de una infección. En el caso de que no logren sacarlo, llamen a un médico, quien no tendrá problema en encontrarlo.

Recuerda que si el condón se rompió o se salió, también aumenta el riesgo de contagiarse de alguna ITS o de tener un embarazo. Deben considerar tomar anticoncepción de emergencia (ve el siguiente capítulo) si estaban teniendo sexo vaginal y no usaron un método de respaldo. También deberán hacerse análisis de ITS aproximadamente una semana después. Lo ideal será que se realicen otras pruebas a los seis meses.

¿Cada cuánto debo hacerme análisis?

Si tienes una vida sexual activa, deberías hacerte análisis cada seis meses, aunque uses condón (¡más te vale que lo hagas!). Los condones son la mejor protección contra las enfermedades, pero siempre hay una pequeña probabilidad de infectarte de algo. Además, algunas partes de tus genitales no están protegidas por el condón, lo que hace posible la transmisión de enfermedades en esas zonas. Te recomendamos que vayas a tu clínica local, a tu médico de cabecera o al centro médico de tu universidad.

A veces los doctores te hacen análisis para una sola ITS, pero lo más probable es que te manden a hacer pruebas para muchas al mismo tiempo. Esto implica exámenes de orina y sangre, así como que te tomen muestras del cuello del útero o de la vagina, y de la piel alrededor de los genitales o el ano.

Ups, ¡creo que me contagié de algo!

Si sospechas que tienes una ITS, lo primero que debes hacer es ir al doctor. No te quedes en tu cuarto *blogueando* al respecto o mandando preguntas a foros de salud en Internet. La única forma de estar seguro es haciéndote los análisis respectivos.

Aunque parezca vergonzoso, recuerda que los doctores han visto prácticamente todo lo que hay en su línea de trabajo, y tienen todas las herramientas para ayudarte. Ve a tu clínica local y llena los cuestionarios con absoluta honestidad, aunque creas que puedes meterte en problemas. Para los médicos es importante saber si has consumido alcohol o drogas, así como también la frecuencia con la que tienes relaciones sexuales y si usas protección. Estos datos son de utilidad para diagnosticar el problema y darte tratamiento, no para acusarte con tus papás.

Si das positivo para alguna enfermedad, asegúrate de tomar el tratamiento completo. ¿Por qué? Pues porque aunque los síntomas desaparezcan durante los primeros días, la infección puede seguir ahí y desarrollarse de nuevo. Además, si no terminas el tratamiento, los bichos se vuelven más resistentes al medica-

RECUERDO QUE EN EL 69 PEDRITO LÓPEZ ME PASÓ LADILLAS.

mento y son más difíciles de combatir después.

¿Quién debe enterarse?

Si te contagias de una ITS, el primer paso después de hacerte análisis y comenzar el tratamiento es informarle a tu pareja (o parejas más recientes) que tuviste una infección. Aunque no es nada divertido tener una conversación en la que le digas a alguien "Perdón, te contagié clamidia", o "Creo que tal vez me pegaste herpes", es mejor a que se siga esparciendo por ignorancia. Lo más importante es mantener la calma y hablar para informar, no para señalar culpables.

Si te infectaste por un contacto casual con un desconocido, haz tu mejor esfuerzo por localizar a esa persona. Puedes intentar regresar al lugar en donde la conociste o contactar a los amigos que tengan en común. La tecnología moderna también hace más sencillo encontrar a la gente, aunque no sepas mucho de ella.

Por último, no es obligatorio, pero quizá debas decírselo a tus papás. Es probable que ellos o alguno de sus conocidos haya estado en la misma situación alguna vez, y pueden ser comprensivos y ayudarte si necesitas apoyo. Quién sabe, tal vez tu mamá y tú tengan un momento de cercanía cuando te cuente de la vez que le pasaron ladillas. Si crees que tus papás van a estallar de ira, puedes no contarles todos los detalles, o agarrar de confidente a alguna tía o primo más grande que tú. Si te contagias de una enfermedad incurable, como VIH / SIDA o herpes, también debes decírselo a cualquier pareja potencial nueva antes de tener relaciones con ella. Aunque no presentes síntomas y vayas a usar condón (lo cual es obvio), la otra persona debe conocer los riesgos a los que se enfrenta.

No es la conversación más agradable del mundo, pero proporciónales tanta información como puedas sobre la enfermedad, su prevención y tratamiento. Prepárate, porque pue-de darles miedo seguir adelante. Al menos sabrás que hiciste lo correcto, pues no es tu enfermedad la que te define, sino tu integridad.

Vergüenza, culpa y otras tonterías

Algo que es muy importante recordar es que tener una ITS no te define como persona. Aunque hay ciertos estigmas injustos por haber adquirido una ITS, le ocurre a una de cada dos personas en sus vidas. Claro que no es divertido, pero no te servirá de nada castigarte por eso. Si te da una de las curables, velo como una lección de vida. Si te da VIH, un grupo de ayuda o una terapia puede hacerte sentir mejor acerca del estigma que existe en torno a haber contraído el virus, y también a enfrentarte a la enfermedad misma. Independientemente de todo esto, recuerda siempre usar condón de ahora en adelante.

No siempre es una ITS

Antes de sacar conclusiones y afirmar que tu pareja o tú se han infectado de algo, considera que hay otra serie de padecimientos menos graves que causan síntomas parecidos a los de las ITS. Algunos son: vellos enterrados, infecciones vaginales, infecciones de vías urinarias, vaginosis bacteriana, glándulas inflamadas o hasta un barrito allá abajo. El punto es que no uses el Internet (o este libro) para diagnosticarte. Si algo comienza a supurar, a apestar o a causarte incomodidad, ve al médico y pide que te revisen.

La agonía de las infecciones vaginales

Una infección vaginal es una irritación de la vagina y la zona de alrededor. A casi todas las mujeres les llega a dar en algún momento de su vida y, aunque afectan la vagina, no se consideran ITS porque rara vez se contraen por contacto sexual. Si tienes comezón en la vagina y sus alrededores, acompañada en ocasiones de un flujo que parece queso *cottage* y que huele a pan sin hornear, es posible que tengas una infección vaginal. También puedes presentar irritación y dolor. Todas las mujeres tienen levaduras en esta zona, pero la infección se pre-

Las locas leyes del pasado

Si crees que tus papás son metiches por entrar a tu cuarto y revisar tus cosas, espérate a leer esto. En 1873 en Estados Unidos había una ley que prohibía a los carteros entregar paquetes que contuvieran anticonceptivos o cualquier material que se considerara "pornográfico". Esto implicaba que el servicio postal abría y revisaba cualquier paquete en busca de objetos inapropiados, y enjuiciaba tanto a los remitentes como a los destinatarios de dichos objetos. Se les salió de las manos, pues incluso la extendieron a las galerías de arte que recibían del extranjero cuadros que retrataban desnudos parciales. Aunque podrías pensar que una ley así no estaría vigente por mucho tiempo, no fue sino hasta más de cien años después (en 1983) que la Suprema Corte la eliminó.

senta cuando aumentan tanto que derrocan al gobierno de tu vagina.

Hay muchas causas por las cuales se pueden presentar, que van desde el estrés excesivo hasta la mala alimentación, el uso de ropa ajustada en climas calurosos, un embarazo, o tomar antibióticos o anticonceptivos orales. Aunque no se considera una ITS, algunos doctores creen que se pueden contagiar a la pareja sexual, así que querrás evitar tener relaciones sexuales mientras tengas la infección.

A los chavos también les puede dar, pero los síntomas son más obvios en el caso de las chicas. Se puede tratar con medicamentos que no necesitan receta médica, pero si ya terminaste el tratamiento y los síntomas no desaparecen por completo (o regresan de forma recurrente), ¡vete de inmediato a un médico!

Cuando hago pipí me duele

Otro tipo de infecciones bastante común son las de vías urinarias. Las provocan bacterias y son más frecuentes en las chavas que en los chavos. La infección empieza en el meato (que es por donde orinas) y sube hacia la vejiga e incluso a los riñones.

Suelen ser provocadas por bacterias que vienen del trasero (del ano) y se pasan al frente (a la vagina). Esto puede ocurrir básicamente de dos formas. Una es a través del sexo, si en el movimiento de afuera hacia adentro el pene, de algún modo, sin darse cuenta, lleva bacterias del ano a la uretra. También se puede dar si te limpias de forma inapropiada, es decir que si al ir al baño te limpias de atrás hacia adelante después de orinar, en vez de adelante hacia atrás.

Los síntomas van desde ardor al orinar hasta dolor en la vejiga o en la zona de los riñones. Otro signo característico es la sensación de que quieres orinar todo el tiempo, aun si no te has tomado un refresco extra grande. Puedes tratar de prevenirlas yendo a orinar después de tener sexo (ya que esto ayuda a limpiar la uretra) y limpiándote siempre de adelante hacia atrás, además de lavarte las manos antes de tocarte la vulva. También recuerda que nunca debes permitir que te metan el pene o un dedo al ano y después lo metan a tu vagina sin que antes lo laven muy bien. Aunque seas muy cuidadosa puedes contraer una infección de vías urinarias. Si crees que tienes una, ve con un doctor tan pronto como puedas porque puede empeorar rápidamente. El jugo de arándano y algunas hierbas ayudan, pero por lo regular el tratamiento debe ser con antibióticos.

Me da mucha pena hablar con mis papás sobre esto, pero no puedo ir al médico si no me prestan la credencial del seguro. Últimamente me arde mucho cuando orino o termino de masturbarme. Tengo el pene un poco rojo y como con manchas. Busqué en Internet qué podría ser y después de leer varias páginas estoy seguro de que tengo cáncer de pene. ¡Por fa, díganme que estoy equivocado!

Estás asumiendo demasiadas cosas al hacerte ese diagnóstico. Obviamente es tentador buscar todo en Internet, pues hay miles de foros en los que la gente, y a veces los doctores, responden preguntas sobre los síntomas de otros. Pero si pasas demasiado tiempo en estas páginas, lo más probable es que termines convencido de que te estás muriendo de algo. Es muy fuerte que te autodiagnostiques una enfermedad letal. A lo mejor solo es una infección de las vías urinarias o una ITS, pero la única forma de saberlo y aliviar el ardor es ir con un médico real, que esté vivo, que no sea una computadora y que tampoco sea un zombi. Si te da pánico hablar con tus papás, busca cuáles son las clínicas de tu zona, hay algunas que incluso son gratuitas.

Mi novia me pone el condón con la boca, lo cual me parece muy sexy, pero me preocupa porque no sé si lo está haciendo bien. ¿Hay otra forma de ponerse los condones que también haga que la experiencia sea cachonda para los dos?

¡**Ó**rale! Está padre el truco, pero es una gran tontería en términos de seguridad. Poner un condón con la boca está mal por donde lo veas, porque los condones son muy frágiles y es fácil romperlos de ese modo. Puede ponértelo con las manos y será casi igual de divertido para ambos.

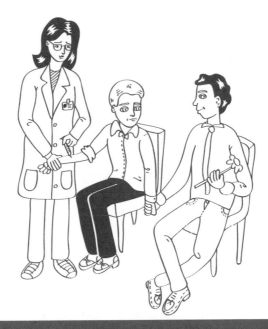

Soy una chavo gay y solo he tenido sexo con otros dos chavos. Mi novio y yo queremos empezar a tener relaciones, pero dice que no lo haremos hasta que ambos nos hagamos análisis de ITS. Creo que no es justo porque yo siempre me he protegido, pero lo haré porque es muy guapo. ¿Qué puedo esperar?

¡Qué bueno que tengas un novio tan responsable! Si algún día cortan, sabemos de muchos chavos a los que les gustaría tener su teléfono (y los resultados de sus análisis también).

Tendrás que hacerte todos los análisis posibles. Pide que les saquen sangre, que les tomen muestras de la boca y del ano, y que les hagan exámenes de orina. Si quieren que la experiencia sea más agradable, planeen una cita el día en que les hagan los análisis. Pueden escoger una lista de canciones para poner ese día, ir a la clínica juntos, dejar que los piquen y les tomen muestras, y después tener una cena divertida en algún lugar bonito. Así son los romances modernos.

Si le hago sexo oral a un chavo, pero no dejo que eyacule en mi boca, no me puedo contagiar de nada, ¿verdad?

Como ya dijimos en este capítulo, hay algunas ITS que se transmiten por los fluidos corporales como el semen. Es difícil contraerlas a través del sexo oral, pero como los tejidos de tu boca son mucosas, son más susceptibles a las infecciones que la piel normal, y es posible contagiarse de alguna ITS. Otras, como el herpes, se transmiten de piel a piel (como de la piel del pene o de la vagina a la de la boca), y estas se contagian por medio del sexo oral con mayor facilidad. Aunque la mayoría de los médicos están de acuerdo en que tener sexo oral sin protección es menos riesgoso que tener sexo vaginal o anal sin preservativo, la mejor forma de estar seguro es usando condón cuando hagas sexo oral, sobre todo si no conoces la historia sexual de tu pareja.

No hay preguntas tontas... excepto esta

Estoy superenojada con mi novio porque terminó conmigo y de vez en cuando se aparece cuando quiere acción. ¿Cuál sería la mejor ITS de la que me podría infectar para contagiarlo?

Capítulo 8
Anticonceptivos

O el arte de cómo no hacer un bebé

Si vas a tener sexo vaginal, ya debes de saber que es la mejor forma de embarazarse. De hecho, es la única forma de embarazarse. Y, si eres chava, lo más recomendable es que evites embarazarte (aunque puedas pensar que es una buena idea tener un bebé en estos momentos).

La única forma de evitar por completo un embarazo es, evidentemente, no teniendo relaciones sexuales. Pero si vas a tenerlas, usar protección disminuirá muchísimo las probabilidades. Para estar superseguros, algunos doctores recomiendan incluso usar dos métodos anticonceptivos al mismo tiempo. A lo mejor te parece que extremar precauciones es una lata, pero es mucho más fácil que tener que enfrentar un embarazo no deseado.

Formas efectivas de anticoncepción

En el capítulo 1 leíste cómo se produce un embarazo, si no es que ya lo sabías. Es algo muy sencillo: los espermatozoides se abren paso hacia el óvulo, lo fecundan y **¡bam!** tu pareja o tú se embarazan. Tu misión, si eres sexualmente activo, es prevenir que los espermatozoides lleguen a fertilizar ese óvulo. Por esta razón siempre, **siempre** debes usar un método anticonceptivo. Los hay de muchos tipos, pero las dos categorías más aceptables son los métodos de barrera y los hormonales. Muchas personas eligen usar uno primario y uno de respaldo.

MANTÉN TU DISTANCIA...

1. Métodos de barrera

Este tipo de métodos detienen físicamente a los espermatozoides para que no lleguen al óvulo e incluyen los siguientes:

Condón masculino
• **Qué es:** un tubo de látex o poliuretano que se desenrolla sobre el pene. Es a lo que la mayor parte de la gente se refiere cuando habla de "condones", y es también la mejor forma primaria de anticoncepción.
• **Efectividad:** por lo regular, 85%.

Condón femenino
• **Qué es:** un tubo de poliuretano con un anillo de cada lado que se inserta en la vagina, dejando el anillo más grande en el exterior de la chava. Se puede introducir desde 8 horas antes del sexo. Se inventó para darle a la mujer la posibilidad de ser responsable de traer su propia protección, aunque también puede traer consigo solamente un condón masculino y pedirle al chavo que se lo ponga. Nunca ha sido muy popular por esta cuestión de que debe introducirse, y la mayor desventaja es que no es tan efectiva como el condón masculino para evitar embarazos.
• **Efectividad:** por lo regular, 79%.

Diafragma

• **Qué es:** una capuchita moldeada de látex o silicón que se coloca en la parte alta de la vagina sobre el cuello uterino y, cuando se usa junto con un gel espermicida, es efectivo para prevenir que los espermatozoides entren al útero. Se puede insertar hasta dos horas antes del sexo, y se debe quedar ahí por lo menos ocho horas después, pero debe retirarse antes de que pasen 24 horas.

• **Efectividad:** por lo regular, 84%.

Los condones femeninos y los diafragmas no se usan tanto como el condón masculino, sobre todo porque implican introducir algo muy adentro de la vagina. Y, como esto se suele hacer justo antes de la relación sexual, para cuando ya lo metiste quizá ya no estés en el *mood* cachondo. Además, los diafragmas debe hacértelos a la medida un médico capacitado (como cuando el dentista te toma un molde para hacerte un paladar, pero esto va en tu vagina y no en tu boca).

No debes usar un condón masculino y uno femenino al mismo tiempo (ya que la fricción los rompería y entonces la protección sería del 0%), pero sí puedes usar un diafragma como método de respaldo para el condón masculino si tu doctor y tú consideran que es lo mejor.

Mientras que para conseguir los diafragmas debes ir al médico, los condones los puedes comprar en la farmacia, sin importar tu edad ni lo que la gente diga. Claro, hay quienes preferi-

rían venderte caramelos y refresco en vez de hacerse a la idea de que estás cuidándote al comprar condones, pero recuerda que son de otra generación y que seguro de niños se levantaban a ordeñar vacas y hacían su propia mantequilla en casa, o ese tipo de cosas, así que lo mejor es ignorarlos.

FARMACIA

¿Por qué nos encantan los condones?

La mejor forma primaria de anticoncepción es la misma que ya hemos recomendado para prevenir enfermedades: el condón. ¿Quieres saber por qué? Checa:

• Es como un *shampoo* 2 en 1 con acondicionador que te protege contra los embarazos y contra las enfermedades, así que piensa que le hace más de un favor a tu cuerpo.
• Además de tener que acordarte de traer siempre uno, no necesitas pensar en él antes de que empiece el *show*. Solo te lo pones y listo.
• No tiene efectos secundarios, ni a corto ni a largo plazo.
• Es muy efectivo cuando se usa de forma correcta todas las veces.
• Es fácil de comprar.
• Si quieres saber más sobre los distintos tipos de condones, regrésate al capítulo 7.

2. Métodos hormonales

Son los que requieren que las chavas tomen hormonas sintéticas, como progestina y estrógeno, que cambian el ambiente hormonal de los ovarios y evitan la ovulación (es decir, la salida mensual de un óvulo). Los hay de muchas formas.

La píldora anticonceptiva

• **Qué es:** se trata de una pastilla hormonal que se toma diariamente. Algunas se administran durante tres semanas y después se descansa una semana; otras se toman todos los días del mes. Es muy importante que te la tomes a la misma hora todos los días, y para que no se te olvide es útil asociarla con alguna actividad diaria, como cenar o irte a dormir (no serviría tomarla entre clase de mate y de educación física, porque no las tienes diario). Si se te olvida tomarte una, hay reglas acerca de cuándo debes tomarte la siguiente, o sobre si sigues estando protegida o no, por lo que debes leer las instrucciones de la caja con atención.

• **Efectividad:** por lo regular, 92%.

El parche

• **Qué es:** hablamos de un parche pegajoso y color *beige* que se adhiere sobre la piel y se cambia una vez a la semana. Parece una curita o un parche de nicotina, y descarga hormonas en el cuerpo que entran por los poros. Lo puedes poner en algún lugar donde lo cubra la ropa si quieres ser discreta, o llevarlo en el antebrazo para que todos sepan que estás orgullosa de tener control sobre tu cuerpo y su seguridad.

• **Efectividad:** por lo regular, 92%.

El anillo vaginal

• **Qué es:** un aro de plástico flexible que se inserta en la vagina. Este libera hormonas en el cuerpo y funciona durante tres semanas. (Después se saca y en esa semana tendrás tu periodo.) Es bueno si eres de esas chicas que olvida tomar la píldora diaria, pero igual necesitarás tener un buen sistema para recordar cuándo debes cambiártelo. No es para las chavas melindrosas a las que les da cosa meterse los dedos por ahí, porque se requiere introducir la mano bastante para ponerlo bien y para sacarlo.

• **Efectividad:** por lo regular, 92%.

La inyección

• **Qué es:** se trata de una inyección de hormonas que te administra un médico y que es efectiva durante tres meses. Por lo regular se pone en el brazo o en la nalga, y no duele más que una inyección normal. Sin duda es menos dolorosa que un parto.

• **Efectividad:** por lo regular, 97%.

El DIU con hormonas

• **Qué es:** un dispositivo de plástico en forma de T que el médico inserta en el útero a través del cuello uterino y que libera hormonas en el cuerpo. Funciona mientras esté adentro.

• **Efectividad:** por lo regular, 99%.

Nota: Hay un DIU más antiguo de cobre sin hormonas que funciona enviando señales a los espermatozoides para afectar su capacidad de nadar. Es tan efectivo como el que tiene hormonas.

Efectos secundarios de los métodos hormonales

Para algunas mujeres, tomar la píldora es como salir a pasear al parque un domingo. Para otras, puede tener efectos secundarios, como aumento de peso, irritabilidad, cambios en la piel, crecimiento de vello en lugares en los que antes no había e incluso cambios fuertes en la menstruación. Si fumas (lo cual es mala idea), usar la píldora incrementa el riesgo de tener coágulos en la sangre, así que la píldora y el cigarro nunca deben mezclarse. Además de algunos otros efectos secundarios menores, también se asocian con padecimientos de mayor riesgo como derrames cerebrales o infartos cardiacos, aunque no son comunes. Al igual que cuando tomas cualquier medicina, necesitas checar con tu médico cuál método es el más seguro y el mejor para tu cuerpo.

Para algunas chavas, los efectos secundarios desaparecen una vez que el cuerpo se adapta; para otras, los cambios de humor son tan fuertes que no necesitan ningún método anticonceptivo, porque les arrancan la cabeza a sus novios cuando se les acercan.

Otros efectos secundarios de la píldora pueden ser buenos. Como está diseñada para regular las hormonas y detener la ovulación, tus periodos pueden ser más cortos, menos pesados y sentirás menos cólicos que antes. Hay quienes también la toman para quitarse el acné. Debes hablar con tu doctor sobre todo esto y decidir con él qué es mejor para tu cuerpo y tu situación.

Recuerda que los métodos hormonales son muy buenos anticonceptivos, pero no te protegen de las enfermedades. Lo mejor es usarlos como métodos de respaldo para evitar el embarazo en caso de que el condón se rompa. Si vas a usar un método hormonal, no le vayas a robar las pastillas a tu mamá. Habla con un doctor, quien te dirá cuál es el mejor método para ti y te dará una receta.

Métodos anticonceptivos no recomendados

Hay otras tácticas que supuestamente sirven para evitar los embarazos, pero no son recomendables. En caso de que te den curiosidad, aquí te proporcionamos un poco de información sobre cada una de ellas.

1. Espermicidas

El espermicida (el "asesino" de espermatozoides) es un componente químico que por lo regular contiene nonoxinol-9, el cual daña a los espermatozoides. Cuando se usa por sí solo, su efectividad para evitar embarazos es de menos del 75%. Es como jugar ruleta rusa. Además, puede irritar los genitales.

A veces la gente lo utiliza para incrementar la efectividad del condón o del diafragma (que sí lo hace), pero hay estudios que demuestran que a veces causan lesiones en las paredes vaginales y anales, lo cual incrementa el riesgo de contagiarse de VIH o de otras ITS. Si quieres protegerte contra las enfermedades (que obvio sí), quizá prefieras usar condones sin nonoxinol-9.

Anticoncepción de emergencia

No nos referimos a "emergencias" como que se queme tu casa o haya un terremoto, sino a un método de anticoncepción que se usa cuando el primero falla. Digamos que anoche se les rompió el condón y se te olvidó tomar la píldora hace dos días, y quieren asegurarse de que no vayas a embarazarte: ahí es cuando te tomas la pastilla. No es una píldora para abortar, y no funciona si ya estás embarazada. Contiene las mismas hormonas que las pastillas anticonceptivas normales, pero en una dosis más alta. La debes tomar hasta 72 horas después de haber tenido sexo sin protección, y puede (aunque no siempre) tener algunos efectos secundarios muy desagradables, como cólicos fuertes, náuseas, diarrea y dolores de cabeza. La mayoría de la gente cree que es mejor aguantárselos que embarazarse. No vayas a creer que es un método anticonceptivo para todos los días. Solo debes **tomarlo en caso de emergencia**.

Si necesitas comprar anticoncepción de emergencia, puedes ir a una farmacia y pedirla sin receta médica. Hay muchos lugares en donde solo se distribuye de manera gratuita en caso de violación. Como las leyes cambian constantemente, te recomendamos que te informes. Para hacerlo, puedes llamar a organizaciones que te asesoren, así que no dudes en visitar la sección de recursos cuando tengas dudas.

Si estás pensando en usar un diafragma (ve la primera sección de este capítulo), el cual solo funciona con espermicida, pregúntale a tu doctor qué opción es mejor para ti.

2. Método del ritmo

No estamos hablando de bailar o de tocar la batería. Más bien es un método que implica llevar un calendario de los días en los que es más probable que ovules para no tener relaciones sexuales en esas fechas. Es una de las formas de anticoncepción menos efectivas para las mujeres adultas, y lo es aún menos para las chavas, pues sus cuerpos no se han regulado lo suficiente como para que sepan cuáles son los días exactos de su ovulación. En realidad no te protege contra el embarazo, y definitivamente tampoco contra ITS.

3. Coito interrumpido

También se le conoce como "no te hagas el tonto". Se trata de sacar el pene de la vagina antes de que el chavo tenga un orgasmo. Es casi como mandarle un *mail* a la cigüeña pidiéndole un bebé. En primera, el chavo debe estar superseguro de que puede salirse a tiempo. (¡Sí, cómo no!) Además está el problema del líquido preseminal, que es una pequeña cantidad de flui-do que a veces sale del pene entre el momento de la excitación y la eyaculación (más información en el capítulo 5), el cual puede contener algunos espermatozoides que hayan quedado de la última vez que se masturbó o tuvo relaciones sexuales. Esto quiere decir que es posible que estos espermatozoides embaracen a la chava. Al igual que el ritmo, usar este método no es seguro ni muy inteligente.

Ups, ¡estoy embarazada!

Si de plano el rollo de la anticoncepción te salió mal y descubres que estás embarazada, no te azotes contra la pared, eso no te va a ayudar en nada. Vas a necesitar
tener la mente clara para enfrentarte a esta nueva situación.

Lo primero que debes descifrar es qué vas a hacer, y debes decidirlo pronto porque hay un montón de células que se están multiplicando a gran veloci-dad en tu cuerpo y que van a conver-tirse en un bebé.

Si tu novio, o el papá del niño, es una persona en la que puedes con-fiar, platíquenlo antes de tomar la decisión. Es una situación delicada, y necesitarás tener a otros a tu alre-dedor que te ayuden a lidiar con tus sentimientos. Tus amigos cercanos y tu familia pueden ser de gran apoyo, así como también tus padres. Piénsa-lo con detenimiento y decide qué es lo mejor para ti y para el bebé, y no dejes que otras personas te presionen con sus ideas de lo que es correcto.

Hay tres opciones a considerar:
- **El aborto.**
- **La adopción.**
- **Hacerte cargo del bebé.**

Ninguna es perfecta ni sencilla, pero la que elijas será la correcta siempre y cuando te dejes guiar por tu criterio. Con el apoyo de tu familia y amigos vas a superar esta situación y estarás bien.

El aborto

Abortar implica interrumpir un embarazo. Si decides tomar esta decisión, lo mejor es hacerlo tan pronto como sea posible, durante las primeras fases del embarazo.

1. La píldora abortiva

Es una píldora que debes tomar antes de que pasen **9 semanas** desde la fecha de tu último periodo. Te la debe recetar un médico que te dé seguimiento durante las dos o tres semanas siguientes. En realidad son dos pastillas que se toman con tres días de diferencia entre sí. La primera contiene hormonas que detienen la producción de las hormonas del embarazo, y la segunda es un medicamento que hace que tu cuerpo expulse el embrión. Es como tener un periodo con un sangrado muy abundante. (No es lo mismo que la píldora del día siguiente, que debe tomarse hasta 72 horas después del sexo sin protección, como ya mencionamos en la sección anterior.) Es un método controversial y no en todas partes es legal si el aborto es por elección.

2. Aborto en una clínica (aborto quirúrgico)

Si vas a hacerte un aborto quirúrgico, lo mejor es hacerlo dentro de las **12 semanas** siguientes a tu último periodo. Después se vuelve más complicado.

El procedimiento suele ser el siguiente. Deberás platicar con tu médico sobre tu historial clínico, después te harán un examen físico (que puede incluir un ultrasonido), y por último te harán leer y firmar algunos documentos.

Para empezar, el doctor te dará medicamentos para el dolor o para sedarte. Después te insertará un espéculo en la vagina para tener acceso al cuello uterino y al útero. Tal vez use algún medicamento u otros instrumentos para dilatar (abrir) el cuello uterino un poco, e insertará un tubo que con cuidado succionará el ovulo fertilizado y todo el tejido menstrual. A veces se usa otro instrumento para eliminar con delicadeza cualquier tejido que pueda haber quedado adentro. Por lo regular, el periodo de recuperación es de una hora, y después te recetarán antibióticos para prevenir una infección.

Solo un médico calificado debe realizarte un aborto quirúrgico. Puede ser tu ginecólogo, si es que hace abortos, o puedes ir a alguna clínica especializada. Llegan a ser costosos y casi nunca los cubren los seguros de gastos médicos, a menos de que sea por cuestiones de salud (en caso de que el bebé no se esté desarrollando bien o que tu salud esté en riesgo). Como quiera que sea, chécalo con tu seguro.

Un aborto también puede causarte un trauma emocional. Mientras que algunas chavas no se sienten tristes por haber abortado, a otras les genera muchos sentimientos. Si necesitas ayuda para enfrentar las cuestiones emocionales y financieras, te recomendamos que algún familiar o amigo de confianza esté a tu lado en ese momento. En la sección de recursos también encontrarás organizaciones que te pueden echar la mano si quieres platicarlo con alguien más.

En México, la interrupción del embarazo solo es legal en la Ciudad de México. Hay mucha gente que aún cree que debería ser un crimen (pues dicen que es matar a un ser vivo), pero si vas a hacerte un aborto, recuerda que es tu cuerpo y tu decisión, así que no permitas que nadie te asuste y te obligue a elegir algo que no vaya con tus convicciones.

Si vives en otro estado, ponte en contacto con organizaciones (ve a la sección de recursos) que te asesoren y apoyen en el proceso.

La adopción

La adopción ocurre cuando tienes al bebé, y después de que nace se lo das a alguien más. Es algo muy especial que puedes hacer por una familia, pero el procedimiento en sí llega a ser difícil. Al principio, puede parecer que la decisión de dar en adopción al bebé es sincera de tu parte, pero a medida que avance el embarazo tal vez te sientas más apegada a él. Por esta razón, el proceso legal suele comenzar antes que el bebé nazca, y no se concluye sino hasta después del parto.

Si eliges este camino, debes pensar en qué términos quieres que se realice. En algunos países se pueden realizar adopciones abiertas, en las que sigues teniendo contacto con el bebé. Pero en México, siempre habrá una institución gubernamental involucrada en el proceso y perderás todos los derechos que tendrías como mamá. Además, por ley, es un proceso irrevocable, o sea que no puedes echarte para atrás si después cambias de opinión. También la ley establece que el Estado no debe proporcionar infor-

mación sobre la familia biológica del bebé, a menos de que él o ella lo soliciten cuando sean mayores de edad.

Procura tener a tu alrededor personas que te ayuden a atravesar los nueve meses del embarazo, y busca la asesoría de un terapeuta o de un grupo de apoyo para madres jóvenes que han dado o van a dar a sus bebés en adopción. A todos nos hace bien hablar de nuestros sentimientos de cuando en cuando.

Hacerte cargo del bebé

Este es quizá el camino más duro de todos, tanto a nivel económico, como emocional y social. Ser mamá puede ser muy *cool*, pero tu mundo va a cambiar para siempre. Ahorita todo en tu vida gira en torno a ti. El dinero que te dan tus papás o el que tienes en el banco es solo para ti. Una vez que entra un bebé a tu vida, todo se trata de él. Si decides hacerte cargo, establece un sistema de crianza de inmediato. Traza un plan financiero para asegurarte de que podrás mantenerlo, e incluye al padre (pues también es su responsabilidad, e incluso si no quiere ser parte de su vida tiene la obligación de ayudarte con el dinero).

Fortalece las relaciones con los familiares y amigos a los que puedas pedirles ayuda, y busca algún grupo de apoyo local que te guíe en los periodos difíciles.

¿Puedo embarazarme si estoy en mis días?

Sí, pero no es tan probable. Cuando tu cuerpo libera el óvulo mensual en una de las trompas de Falopio, este vivirá ahí hasta dos días. Los espermatozoides, por otro lado, pueden vivir varios días. Por ello, cabe la posibilidad de que te embaraces por los espermatozoides que se quedan ahí antes de que ovules y también después. La mayoría de las mujeres ovulan a la mitad de su ciclo (justo entre un periodo y otro), pero otras ovulan más cerca del momento de su menstruación, sobre todo las chavas quienes aún no tienen ciclos regulares. Así que técnicamente puedes embarazarte si tienes sexo durante tu periodo o si

Mitos anticonceptivos

Hace mucho tiempo la gente creía que tener relaciones sexuales de pie cuando había luna llena era una forma efectiva de evitar un embarazo. Por fortuna ahora ya no somos tan ignorantes. Quizá te preguntes qué otras creencias sobre la anticoncepción son falsas.

A continuación desenmascaramos algunos de los mitos más comunes sobre los anticonceptivos.

1. Asearte o usar una ducha vaginal después del sexo no evita un embarazo. Hacerte lavados con líquidos extraños (como refresco, jugo de limón, perfume, Gatorade o cloro) para provocarte un aborto es tan inútil como peligroso. Así que ni lo intentes.

ovulas lo suficientemente cerca de él.

Tener relaciones durante tu periodo también incrementa la probabilidad de contraer o contagiar una ITS debido a que hay más fluidos corporales presentes. Así que protégete contra ITS y contra un embarazo aunque estés menstruando.

2. La pasta de dientes no es un espermicida.

3. El plástico para envolver alimentos y los guantes de látex no funcionan como condones.

4. Puedes embarazarte la primera vez que tienes relaciones sexuales.

5. Aventarte por las escaleras o desde un primer piso, o golpearte a ti misma no son formas efectivas de provocarte un aborto casero. Lo más probable es que sigas embarazada y hasta te causes otros problemas.

6. Ni saltar después del sexo ni tener sexo de pie evitará que los espermatozoides lleguen a tu óvulo. La gravedad no le gana a su entusiasmo.

7. Estar pacheco o borracho no hace infértiles a los chavos. Si un chico te dice que ha fumado o comido suficiente marihuana como para hacer su semen estéril, dile que no estás tan drogada como para creerle y que debe ponerse un condón (o tal vez debas ponerte la ropa e irte, porque a nadie le gusta tener sexo con un perdedor).

Estoy embarazada y definitivamente no estoy lista para cuidar a un bebé. He escuchado que a veces los abortos provocan que no puedas tener bebés después y que son muy caros. ¿Es cierto?

Primero que nada, es falso que hacerte un aborto te impedirá tener hijos en el futuro. En los lugares en donde es considerado un delito, las mujeres se los practican en "clínicas" que no son seguras, no están limpias o no tienen el material necesario. Estos "abortos clandestinos" causan que las mujeres se enfermen e incluso tengan infecciones que les provoquen infertilidad por no tener el valor suficiente para ir con un médico calificado. Es fundamental que si te practicas un aborto lo hagas en un lugar donde sea legal, para asegurarte de que el procedimiento se lleve a cabo de manera correcta.

Claro que puede ser costoso. En la Ciudad de México hay clínicas y médicos privados que realizan este procedimiento, y los precios varían dependiendo de qué tan avanzado esté el embarazo. Pero las clínicas del gobierno te proporcionan el servicio de manera gratuita. Si vives en otro estado, ponte en contacto con alguna organización (como Fondo María) que te ayude a cubrir los costos del viaje y la estancia. Aunque la ley no obliga al papá del bebé a ayudarte económicamente a menos de que decidas tenerlo, también es responsable del embarazo, y lo correcto sería que colaborara con los gastos del aborto. Después de todo, le saldrá más barato que 18 años de manutención.

Desde hace tres años me pongo la inyección anticonceptiva. Cuando empecé a ponérmela era talla 32, y ahora soy talla 46. Ya no me preocupa embarazarme, porque de cualquier forma los chavos no me voltean a ver. ¿Existe algún anticonceptivo que me ayude a bajar de peso?

Por desgracia no. Subir de peso es uno de los efectos secundarios más comunes de los anticonceptivos hormonales, aunque no suelen ser más de 6 kilos en 4 años, pero tú has subido más que eso. Si aún no has ido con el médico, haz una cita de inmediato. Es necesario que averigües si se debe a las inyecciones o si hay algún otro tipo de problema en tu cuerpo. Una vez que hayan descartado todo, discute con tu doctor la posibilidad de dejar la inyección y cambiar tu dieta y nivel de actividad física hasta que sientas que otra vez estás sana y cómoda contigo misma.

Mi novio me dijo que está sano y que no le gusta usar condones cuando tenemos sexo porque no se siente igual. ¿Debo creerle y solo tomar la píldora?

Tu novio tiene razón: el sexo con condón se siente diferente. Ya que sabe cuál es la diferencia, asumimos que ha tenido sexo sin protección, lo cual debes tomar en cuenta. El hecho de que diga que está sano no quiere decir que sea cierto, pues hay personas que no presentan síntomas de algunas ITS e igual y no saben que están infectadas. Por lo tanto, siempre deben usar condón. Aun si tu novio y tú confían por completo en el otro y se hacen análisis de ITS, sigue existiendo el problema de la anticoncepción. Aunque tomes la píldora, está latente la posibilidad de que falle.

Le pedí permiso a mis papás para empezar a tomar la píldora, pero me dijeron que no. Todavía no tengo relaciones sexuales, pero sé que quiero hacerlo y me gustaría estar protegida antes de que ocurra. Aunque no me den permiso, voy a tener sexo, así que ¿cómo puedo hacer que me apoyen y me consigan anticonceptivos?

Primero que nada, recuerda que si decides tener relaciones sexuales también debes protegerte contra las enfermedades usando condón, pues la píldoras solo sirven para evitar embarazos. Ahora que para comprar condones, no necesitas el permiso de tus papás.

En realidad no podemos saber por qué no les parece buena idea que comiences a tomar la píldora. Quizá tuvieron una mala experiencia, o creen que si te lo prohíben evitarán que pierdas tu virginidad. Has sido muy responsable al explorar las opciones de anticonceptivos y al intentar hablar abiertamente con tus papás sobre sexo. Por desgracia, algunos papás no saben muy bien cómo tener este tipo de conversaciones con sus hijos.

No necesitas el permiso de tus padres para empezar a tomar anticonceptivos. Ponte en contacto con organizaciones que te asesoren y busca un médico de confianza que te dé una receta para comprarlos.

Aunque sientas que tus papás no le hacen caso a tus inquietudes, sigue intentando hablar con ellos. Quizá tengan preocupaciones que tú desconoces, así que primero pregúntales cuáles son en vez de sacar tus propias conclusiones. Su relación mejorará si aprenden a decirse las cosas y a escucharse. Si no parecen interesarse en tu punto de vista o son inflexibles, recuerda que no vas a vivir con ellos toda la vida.

Estoy paniqueadísima porque le hice sexo oral a mi novio y se vino en mi boca. **D**espués lo besé y luego él se bajó. ¿Puedo estar embarazada?

Entrar en pánico no está bien, así que cálmate. Cuando te preocupe estar embarazada, detente un instante, respira profundo y conserva la calma. Es prácticamente improbable que vayas a recibir la visita de la cigüeña por culpa de este encuentro con tu novio. Aunque es verdad que hay un riesgo de embarazarse si el semen entra en contacto con la vagina, las probabilidades de que unos cuantos espermatozoides sobrevivan el viaje de tu boca a la de tu novio, y de su boca al interior de tu vagina, es casi tan posible como que en este momento toque a la puerta de tu casa un vendedor de nueces. ¿Ya sonó el timbre? Entonces lo más seguro es que no estés embarazada. Si aún andas preocupada, ve al médico y consigue una prueba de embarazo para salir de dudas. Y la próxima vez siempre recuerda: **¡usa siempre protección!**

He escuchado que si das un bebé en adopción y años después tienes otro bebé, debes demostrar frente a un jurado que realmente puedes cuidarlo. Sí quiero ser mamá algún día, pero no ahorita. ¿Perderé mi oportunidad?

Eso es un mito. En ningún lugar hay leyes que digan que una mujer que ha dado a un hijo en adopción deba demostrar en el futuro que tiene la capacidad de hacerse cargo de otro. Toma la decisión según lo que consideres correcto y no te preocupes, porque algún día sabrás lo que es la maternidad, si quieres.

¿Puedo embarazarme si mi novio y yo solo estamos cachondeando desnudos y su pene está cerca de mi vagina?

Si están desnudos y frotan sus genitales entre sí, y tu novio tiene un orgasmo cerca de la abertura de tu vagina, técnicamente es posible que te entre semen y te embaraces. Pero, a menos de que el pene penetre la vagina, las probabilidades son mínimas. Si no eyacula, aunque haya algo de líquido preseminal (ver capítulo 5), es poco probable. Si esto es lo que hicieron, es muy difícil que te haya embarazado. Una vez aclarado el punto, no es una idea brillante tener este tipo de contacto, porque siempre que los genitales se toquen entre sí habrá riesgo de adquirir una ITS.

He escuchado que no puedes embarazarte si estás amamantando. ¿Es cierto?

Si estás amamantando ya debes conocer bien las exigencias de criar a una pequeña y demandante fábrica de baba. ¿Por qué habrías de arriesgarte a pasar por todo el numerito de nuevo? Para responder a tu pregunta, te diremos que aunque se cree que las mujeres que están amamantando son menos fértiles, es un gran riesgo confiar en que tus nuevos senos de mamá te cuidarán si tienes sexo sin protección. Protégete como lo harías si no estuvieras amamantando. La mejor idea es comenzar a tomar anticonceptivos inmediatamente después de dar a luz.

¿Cómo puedo conseguir una prueba de embarazo?

Las venden en las farmacias. Por lo regular las tienen detrás del mostrador, pero eso no significa que necesites una receta escrita por Dios para que te las vendan. Las tienen ahí porque se las roban mucho. Las hay de muchas marcas, pero en sí funcionan igual y hoy en día son muy precisas. Si te preocupa poder orinar sobre algo tan chiquito, cómprate una de esas cajas que traen dos pruebas o más. Una vez que la compres, es muy importante que sigas las instrucciones.

También puedes acudir a un médico o a una clínica, y solicitar que te hagan una prueba. Seguramente será más costosa, pero la ventaja es que si estás embarazada, tendrás a un profesional a tu lado que con calma te explicará tus opciones. Ten cuidado, porque hay muchos anuncios sospechosos en la calle o en Internet de clínicas que ofrecen pruebas de embarazo gratuitas si crees que "estás embarazada y no sabes qué hacer". A veces estos lugares pueden ser aterradores, y quizá tu prueba de embarazo "gratuita" esté seguida de dos horas de pláticas y videos sobre bebés abortados. Muchas mujeres afirman que han sido acosadas, intimidadas y que han recibido información falsa en estos lugares. Es lo último que necesitas cuando estás pasando por un momento así.

No hay preguntas tontas... excepto esta

Mi novia dice que no quiere tomar píldoras anticonceptivas. ¿Dónde puedo conseguir una receta para comprárselas, y luego disolverlas en su refresco antes de que tengamos sexo?

Capítulo 9
Citas y relaciones

¿Qué tiene que ver el sexo con todo esto?

El sexo influye en las relaciones, así como las relaciones en el sexo. No hay de otra. Aunque algunas personas deciden que no van a tener novio o novia ni sexo mientras están en la escuela porque no quieren distraerse de todas las otras cosas que tienen que hacer, muchas otras tendrán algún tipo de relación con alguien en determinado momento. Sin importar la clase de relaciones que establezcas durante la adolescencia, ya sean aventuras de dos días o romances de años, te surgirán preguntas sobre sexo y deberás tomar decisiones. Hasta la decisión de no tener sexo es una decisión sobre sexo.

Los romances modernos

Si estás pensando en tener sexo, suponemos que ya estás teniendo citas, ya sea en grupos de amigos o solo con una persona. Los tiempos han cambiado. Antes la gente iba a la escuela, salía con una persona, se casaba y tenía hijos, los cuales a su vez iban a la escuela, salían con alguien y continuaban con el ciclo. Hoy en día, hay categorías y subcategorías de tipos de relaciones que dependen de cómo se comportan las chavas y los chavos de tu entorno.

Aquí van algunas definiciones básicas:

• **Salir con alguien:** es cuando apenas empiezan a conocerse y las cosas son bastante casuales.

• **Andar:** significa que hay exclusividad y que no tienen ondas con otras personas.

• **Tener ondas o un *free*:** es cuando solo tienes interacción física con otra persona sin que necesariamente establezcan otro tipo de relación.

• **Amigos con derechos:** es cuando un amigo y tú tienen ondas con frecuencia, pero no quieren una relación formal.

Sin importar el tipo de relación en el que estés, asegúrate de que tanto la otra persona como tú están en el mismo canal y quieren lo mismo.

OMG! ¡Conocí a alguien por Internet!

La tecnología tiene un plus porque aumenta las posibilidades de que las personas se encuentren. ¿Quién iba a pensar que hay otra alma en el universo a la que le gustan las tortugas tanto como a ti? El problema de ligar por Internet es que no hay forma de que estés completamente seguro de que la otra persona es tan maravillosa como dice ser. A lo mejor estás en un *chat* hablando con un ruco psicópata que quiere ganarse tu confianza para después enterrarte en su jardín (o para masturbarse cuando le mandes fotos de ti sonriendo tiernamente). Solo con el tiempo, las llamadas telefónicas y el posible encuentro cara a cara (en un lugar donde haya mucha gente, una buena iluminación y un par de amigos tuyos cerca) sabrás si has encontrado el amor verdadero o solo te topaste con un absoluto perdedor.

¿Será amor?

Has conocido a alguien y crees que es lo mejor que te ha pasado desde que se inventaron los plumones con aromas frutales. Sientes que un montón de mariposas revolotean en tu estómago y estás seguro de que nunca se irán. Cada película que ves, poema que lees y canción que escuchas de repente parece que fueron hechos para ti. Ni siquiera tiene que ser una canción de amor, puede ser la de un comercial de talleres mecánicos que te recuerda que esa persona especial porque... tiene un auto. Te has vuelto uno de esos sujetos molestos que siempre hablan de su pareja y que relacionan todo con su romance.

La palabra *amor* se usa con tanta frecuencia como los signos de interrogación, tanto que a veces parecen ser la misma cosa. Los chavos suelen ser más apasionados que los adultos, y sus emociones son más profundas (para bien o para mal). Así que si crees que estás enamorado, aunque solo lleves cinco días de conocer a esa persona, es posible que sí lo estés. No porque los adultos a tu alrededor se lo tomen a la ligera e insistan en que no hay forma de que puedas saber lo que es el amor a tu edad, significa que tu amor no es verdadero. (Claro, el amor por tu familia no lo cuestionan, ¿verdad?) Es cierto que a lo mejor solo estás clavado o estás en una situación codependiente y nada sana en la que ambos sienten que se morirían sin el otro. Como quiera que sea, es necesario que analices tus sentimientos.

Aunque sea amor verdadero, no puedes permitir que controle tu vida. Cuando te guste mucho alguien, trata de recordar que hay otras personas en tu vida que también necesitan que les dediques tiempo y atención. No vayas a tomar decisiones apresuradas, sobre todo en cuanto al sexo, solo porque sientes que te derrites por esa persona que acabas de conocer. Recuerda que si es amor y no solo una explosión pasajera de hormonas, lo mejor es esperar y conocer a la persona de todas las formas posibles. Así, si primero llegan a tener ondas, la experiencia será mucho más padre.

La tragedia del amor no correspondido

Una de las cosas más horribles que te pueden pasar es enamorarte de alguien que no quiere estar contigo. Es como si te dieran un golpe en el estómago y mataran a las mariposas que antes revoloteaban de emoción. No hay nada que puedas hacer para que alguien quiera estar contigo. Sí, duele, pero no te paniquees. No te vas a sentir así para siempre. Encontrarás a alguien mejor, más guapo y más gracioso que vea la maravillosa persona que eres. Mientras tanto, trata de pasar más tiempo con tus amigos y de escribir todos los poemas trágicos que se te ocurran. Algún día los leerás y te darán mucha risa.

El compromiso

No te estreses: esta sección no se trata de dar anillos ni de planear bodas, sino de lo que significa ser fiel en una relación en la que ni tú ni la persona con la que sales se acuestan con otros. Cruzar esta línea es un gran paso, pero puede ser algo increíble para tu noviazgo. Significa que puedes contar con alguien en momentos de necesidad (o pasar una noche divertida y hasta pedirle ayuda con tu tarea de álgebra). Estar en una relación con compromiso no implica que debes tener sexo, aunque siempre pase en los programas de la tele. La mayoría de la gente tiene noviazgos sanos que no empiezan en la cama. Aunque también se puede tener sexo sin estar en una relación, si es con alguien a quien conoces y en quien confías, el sexo suele ser mejor porque te sientes más seguro y cómodo.

Claro que los compromisos no siempre duran para siempre y tampoco son para toda la gente. Si de repente te atrae alguien más, tal vez es una señal de que no estás muy feliz en tu relación actual. Aunque también hay quienes sienten que de verdad aman a su novio o novia, pero quieren salir o tener ondas con otras personas. Si no sabes si el compromiso es lo tuyo, por la razón que sea, la mejor solución siempre será platicarlo con tu pareja. Lo peor que puedes hacer es mentir. (Lo segundo peor es subir a Internet una foto no muy favorecedora de tu novio o novia.)

¿El sexo cambiará mi relación?

Pues... sí. No tiene que ser para bien o para mal, pero la va a cambiar. A veces el sexo hace que la relación se haga más seria. Es inevitable. En muchos casos, acerca a la gente, y eso es algo bueno. Ahora bien, si sientes que las cosas se están poniendo muy formales, háblalo con tu pareja. (La intensidad que el sexo le aporta a la relación es algo importante en lo que debes pensar antes de acostarte con esa persona.)

A veces el cambio puede ocurrir en el sentido opuesto, sobre todo si sientes que se da demasiado pronto. A lo mejor sentías cosas muy intensas por la otra persona y después del sexo te sientes raro. No significa que seas una mala persona, solo que decidiste mal esta vez. Intenta que tu reacción sea madura y habla con la otra persona. Si no lo pueden resolver, quizá prefieran separarse, pero siempre con respeto.

Si te das cuenta de que solo se la pasan fajando y teniendo sexo, y la amistad ha pasado a segundo plano, traten de desconectar sus cuerpos lo suficiente como para tener otras actividades en las que deban estar vestidos. A veces los noviazgos terminan si no hay chispas fuera de la cama. Si es algo que va a durar, con el tiempo encontrarán un equilibrio entre los momentos sexuales y los no sexuales.

El truene

Otra vez te pasa que de repente todas las canciones se tratan de ti, pero ahora no sonríes cuando las escuchas. Si la relación terminó mal, a lo mejor crees que nunca volverás a ser feliz. Nada de lo que tus amigos te digan te hace sentir mejor porque no están en tus zapatos ni saben lo difícil que es. Aunque todos hemos estado ahí, cada truene es distinto y la forma de superarlo siempre será diferente.

¡Me botaron!

Si te cortaron, tal vez te preguntes si acaso no tienes nada que ofrecer. A lo mejor estás enojado con la otra persona o sigues perdidamente enamorado. Si fue tu *primer* novio o novia, incluso el segundo o el tercero, puede ser mucho más duro; quizá sientas que compartiste una parte muy profunda de tu ser y que ahora estás solo. Si te truenan después de tener sexo por primera vez, te puedes sentir muy mal y pensar que la otra persona solo quería acostarse contigo. Pero recuerda que tomaste una decisión que en ese momento creías que estaba bien, y que el "hubiera" no existe. Sigues estando completo, no te "quitaron" una parte de ti y seguramente encontrarás a alguien que no esté interesado únicamente en tener sexo.

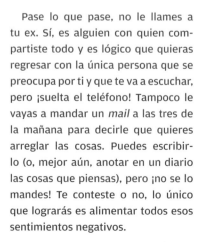

¿Se acabó todo?

Si estás en un punto de tu noviazgo en el que crees que ya se desgastó, espera un poco antes de tronar. Recuerda cómo te hacía sentir tu pareja cuando la conociste y piensa en qué cambió. Si tuvieron la madurez para empezar a salir, también la tienen para hablar de la relación. Intenta identificar qué te molesta y díselo (**¡pero sé amable!**), y checa si eso sirve para enfrentar el problema. A lo mejor ya no hay marcha atrás, pero al menos a la otra persona no le sorprenderá tanto cuando termines con ella.

Pase lo que pase, no le llames a tu ex. Sí, es alguien con quien compartiste todo y es lógico que quieras regresar con la única persona que se preocupa por ti y que te va a escuchar, pero ¡suelta el teléfono! Tampoco le vayas a mandar un *mail* a las tres de la mañana para decirle que quieres arreglar las cosas. Puedes escribirlo (o, mejor aún, anotar en un diario las cosas que piensas), pero ¡no se lo mandes! Te conteste o no, lo único que lograrás es alimentar todos esos sentimientos negativos.

Cuando eres tú quien quiere tronar

Si vas a tronar con tu novio o novia, no te dejes llevar por lo mucho que te desagrade esa persona y ten un poco de respeto por lo que va a sentir después de que terminen. Siempre hazlo de frente, no por mensaje de texto, *mail* o teléfono. No le pidas a tus cuates que lo hagan por ti, ni evites a la persona. Aunque tu ex se ponga histérico, guarda la calma. Debes decirle por qué está pasando esto y tratar de que tus razones le causen el menor dolor posible.

Tampoco lo busques después, sin importar qué tan mal te sientas por el truene. Tu ex no es quien debe apoyarte en estos momentos, sino tus amigos. Habla con ellos, porque a lo mejor no se dan cuenta de que te sientes fatal, ya que fuiste tú quien tronó a la otra persona.

¡NO LA LLAMARÉ!
¡NO LA LLAMARÉ!
¡NO LA LLAMARÉ!

¿Qué viene después?

Después de un truene, es posible que extrañes un montón de cosas: la compañía del otro, su risa, sus abrazos y hasta el sexo. Es normal, pues tenían una conexión muy fuerte y se sentían a gusto el uno con el otro. Si te sientes solo, tal vez quieras buscar a tu ex y terminen en la cama sin que vuelvan a andar. El sexo postruene a veces es agradable, porque ambos extrañaban estar juntos, pero la cruda puede ser confusa porque solo logran extrañarse aún más. También pueden pelearse o sentirse usados, por lo que tener sexo postruene no suele ser una buena idea.

También puedes tener la tentación de buscarte a alguien para el "rebote", que es cuando empiezas a tener ondas con otra persona poco tiempo después del truene para tratar de llenar el vacío que tu pareja dejó, inflar tu confianza o demostrarle a tu ex que ya estás bien. Si el "rebote" termina siendo tu novio o novia, ¡genial! Sin embargo, casi siempre estas relaciones no funcionan porque sigues sintiendo muchas cosas por tu ex. Intenta dejar pasar un tiempo para lidiar con tus sentimientos, y así sabrás lo que quieres cuando empieces un nuevo noviazgo.

¿Hay violencia en tu noviazgo?

A nadie le gusta creer que puede terminar atrapado en una relación de maltrato, abuso o violencia, pero es algo que pasa hasta en las mejores familias. Si tu pareja te humilla, te grita, te dice que estás gordo, te golpea o te pide que hagas cosas que no quieres hacer, hay violencia, ya sea física o psicológica. Solo hay una forma de resolver las cosas: salte de esa relación.

Tal vez pienses que puedes cambiar a tu pareja y que sacarás a esa persona cariñosa y considerada que está atrapada en el fondo de su ser, pero no eres doctor (aún), así que déjale a los terapeutas esa onda de arreglar a la gente y empieza a ver por ti mismo. Si trata de manipularte para que sigan juntos o te chantajea diciéndote que nunca vas a encontrar a alguien más que quiera estar contigo, mantente fuerte. El abuso es su problema, no el tuyo. En la sección de recursos encontrarás teléfonos a los que puedes llamar para averiguar si hay violencia en tu relación.

Estoy muy enamorado de mi novia. Es perfecta para mí y quiero estar con ella todo el tiempo, pero a mis papás no les cae bien. Ya me dijeron que no tengo permiso de salir con ella, y me buscan actividades que ocupan todo mi tiempo libre para que no pueda ir a su casa. Según ellos estoy demasiado chavo para salir con alguien, pero con mis dos novias anteriores no tenían problemas. No voy a dejar de verla. ¿Cómo puedo lograr que me entiendan?

¿Ya intentaste patear la pared mientras gritas "¡Pero yo la amo!" y después salir corriendo hacia tu cuarto y azotar la puerta? (Ojo, esto rara vez funciona.) Tus papás siempre van a creer que saben qué es lo mejor para ti. A veces tienen razón; a veces no. Trata de pensar por qué no les cae bien tu novia para ver si hay algo que les parezca sospechoso, pero si no estás de acuerdo, habla con ellos seriamente sobre la cuestión de la confianza. Pídeles que te den tu espacio y te permitan tomar tus propias decisiones, aunque eso implique que puedas equivocarte. Sentarte con ellos y decirles con calma que eres lo suficientemente maduro como para seguir en el camino correcto, es una buena forma de demostrarles tu madurez.

También puedes argumentar que es preferible que te den chance de invitarla a la casa, a que te salgas para verla a escondidas. Además así pueden supervisar la situación. Si es cierto que les preocupa que no estés listo para una relación, sugiéreles que la inviten a cenar o a pasar un tiempo con toda la familia para que la conozcan y entiendan por qué crees que es una chava tan increíble.

¡PERO LA AMO!

¿Qué hago si mi novio me obliga a acostarme con él? ¿Se considera violación si es mi novio?

Si cualquier persona tiene sexo contigo sin tu consentimiento, es una violación. Así sea un extraño, estés en una primera cita, sea tu pareja o incluso tu esposo, tienes derecho de decir que no, y el otro debe respetarlo. Si te ha obligado a tener relaciones sexuales, aunque solo haya sido una vez, termina con él. Eso de "esperar a que busque ayuda" o darle otra oportunidad no aplica en este caso. Claro que necesita ayuda, pero se la debe dar un terapeuta capacitado.

También está la opción ir a la policía, aunque el proceso es complicado. Si eliges acusarlo, recuerda que no importa lo que los demás digan, no fue tu culpa y lo que te hizo no está bien. Si decides no denunciarlo, al menos dile frente a un adulto de tu confianza que lo que hizo estuvo muy mal. Si no se siente responsable, puede dañar a otras personas después.

Por tu parte, considera la posibilidad de compartirle tu experiencia a un terapeuta o a un psicólogo. Esto te ayudará a superarlo con el tiempo. Si no conoces a alguno, en la sección de recursos encontrarás opciones.

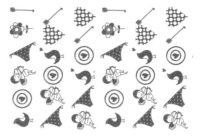

Todos mis amigos tienen novias o novios, pero yo nunca he tenido un noviazgo. Me siento muy *loser*, pero es que todavía no encuentro a alguien que me guste. ¿Debería salir con alguien que no me atrae para adquirir experiencia?

Si lo que buscas es una mala experiencia, ¡hazlo! Hablando en serio, te sorprendería saber que hay mucha gente, de tu edad y más grande, que no tienen pareja. A lo mejor ahorita todos tus amigos tienen novios y novias, ¿y eso qué? Nadie te juzga por ser soltero, porque la mayoría de las personas están muy ocupadas tratando de no sentirse *losers*. La única persona que se juzga eres tú. Date chance. Cuando llegue el momento, conocerás a alguien *cool*. Andar con una persona que no te gusta para adquirir experiencia sería más tonto que seguir soltero, porque además puedes herir sus sentimientos.

Soy lesbiana y empecé a salir con una chava hace unos meses, y me parecía que era muy buena onda. Después de unas semanas se empezó a portar obsesiva y rara, leía mis *mails* y se ponía celosa por nada. Iba a tronarla después de que armó un berrinche y rompió muchos de mis discos, además me amenazó con suicidarse. A veces es maravillosa, pero los malos momentos son los peores que he visto. La quiero, pero debo lograr que deje de enloquecer, y tampoco quiero sentir que de mí depende que siga viva.

¿Ya oíste? Es la alarma de **PELIGRO**. Estás en una situación difícil, así que pase lo que pase las cosas serán complicadas. Por lo que dices, tu novia tiene una serie de problemas graves que necesita resolver. Aunque no sea su intención, está abusando emocionalmente de ti, lo cual es inaceptable.

Tienes dos opciones: convéncela de que busque ayuda profesional o termina con ella. Aun si empieza a ir a terapia, habría días buenos y días malos.

Debes hacerle saber que aunque la apoyas y quieres que se mejore, también tienes límites. No puede maltratarte, tener arranques de paranoia, invadir tu privacidad o amenazar con lastimarse a sí misma. Todos estos motivos son suficientes para decir "¡ya basta!"; así que si se sigue comportando de esta forma, tendrás que salirte de la relación.

Es muy difícil amar a alguien que tiene problemas emocionales. La regla de oro que debes recordar es que no eres responsable de sus decisiones. Si busca ayuda, es su decisión; si se hace daño, también es su decisión. Nada de lo que hagas influirá en sus acciones.

No hay preguntas tontas... excepto esta

Hay un chavo que escribió una canción sobre mí, me envió una docena de rosas y se para afuera de mi ventana a recitarme poesía. ¿Cómo puedo saber si le gusto?

Capítulo 10

Fantasías, fetiches y otras curiosidades *kinky*

No solo están en tu imaginación

Ahora ya sabes cómo decidir si estás listo para tener relaciones sexuales, cómo prepararte y de qué manera protegerte. El sexo no siempre es simple y directo. Mientras que a algunas personas les gusta el acto en sí, a otras les encanta estar rodeadas de campanas y silbatos. El punto es que a todos nos gusta hacer algo en particular o pensar en ciertas cosas cuando lo hacemos. Tenemos nuestras propias excentricidades sexuales y adquirimos otras en el camino. Así sea que te guste jugar a la chef y al mesero, cubrirte con chocolate o acariciar a tu panda de peluche mientras tienes sexo, debes saber que son cosas normales. (Bueno, quizá lo del panda no tanto.)

Cuando se trata de clasificar las cosas extrañas que nos prenden, podemos hablar de curiosidades *kinky*, fetiches o fantasías. Si te preguntas qué es cada cosa, sigue leyendo.

- **Curiosidades *kinky*.** Son actividades que te interesa probar o quizá intentes cuando te sientas en confianza con tu pareja sexual. Algunos ejemplos son las nalgadas, amarrarse mutuamente, jugar con personajes o ponerse disfraces. Una menos común, pero que también es válida, es pellizcarse durante el sexo.
- **Fetiches.** Puede ser un objeto, una prenda de vestir o una parte del cuerpo que te excita. Algunos de los más comunes son los tacones de aguja y la ropa de cuero. Claro que cualquier cosa puede funcionar como un fetiche, hasta las narices. Las posibilidades son infinitas. Pueden ir desde un fetiche con los Jorges (y que no alcances un orgasmo a menos de que sea con un Jorge) hasta algo como la *misofilia* (que es cuando te excitan las cosas que están sucias o manchadas) o fantasías con mujeres que traen puesto el cinturón de seguridad (la protección ante todo).
- **Fantasías sexuales.** Son situaciones en las que te gusta pensar o que disfrutas actuar durante el sexo. Hay quienes fantasean con dominar o ser dominados, tener sexo con un extraño, acostarse con un profe o su jefe, o hacerlo en público. Algunos incluso fingen que son animales mientras tienen sexo. Pueden quedarse solo en tu imaginación o, si son seguras, legales y ningún animal sale lastimado (o persona, en todo caso), las puedes actuar en un juego de rol (si tu fantasía es acostarte con un piloto, le puedes pedir a tu pareja que se ponga unos *goggles* y te hable con un tono de voz suave sobre la altitud). Dicho esto, hay que aclarar que no se supone que todas las fantasías se deban actuar. Hay algunas que solo funcionan en tu mente. Por ejemplo, si descubres que mientras tienes sexo te gusta imaginarte a todo el equipo de futbol de la escuela corriendo encima de ti, lo más probable es que no quieras hacerlo realidad.

¿BDSM? ¿Qué es eso?

BDSM son las iniciales de un nombre bastante largo: *bondage* y disciplina, dominancia y sumisión, sadismo y masoquismo. Es una práctica en la que dos personas deciden comprometerse a un tipo de sexo que, aunque es seguro, es poco convencional porque una persona domina a la otra. Puede incluir muchas formas de expresión sexual, como objetos de cuero, látigos, contratos, usar collares y nalgadas. Es una decisión que se debe tomar entre dos adultos que dan su consentimiento, así que por lo regular no es apropiada para los chavos.

¡Seguridad ante todo!

Nunca se está demasiado protegido, así que recuerda usar condones, estar sobrio cuando tengas sexo y mirar hacia los dos lados antes de cruzar la calle (cuando vayas de camino a casa de tu pareja). En el caso de las curiosidades *kinky*, los fetiches y las fantasías sexuales hay otra cuestión de seguridad: si vas a intentar algo con tu pareja que quizá les cause incomodidad o dolor, necesitan establecer desde antes una palabra que cualquiera de los dos

¿Y tú creías que eras raro?

Hay un fetiche, fantasía o curiosidad *kinky* para casi cualquier cosa que puedas imaginarte. La próxima vez que creas que tus ideas sobre el sexo son raras, lee esta lista de algunas de las cosas más inusuales que prenden a los habitantes de este mundo tan salvaje y maravilloso.

• **Pedos en el pastel.** Así como lo escuchas. Hay gente allá afuera a la que le excita ver a otros echarse pedos... sobre un pastel.

• **Fetichistas de globos.** A estas personas les gusta ver a otros inflar, desinflar e incluso reventar globos. Son la prueba de que aquello que hace llorar a los bebés puede parecerle sexy a algunos.

• **Urolagnia.** Es cuando a la gente le gusta que le orinen (o le defequen) encima.

• **Aplastar la cena.** En este caso, una persona le hace de cenar a otra, y esta pisa la comida o la aplasta con su cuerpo desnudo para que la persona que la cocinó se la coma. (Seguro que se le ocurrió a alguien a quien de niño le arruinaron muchas de sus comidas.)

Bueno, sabemos que son un poco extremas. El punto es que todo se vale cuando se trata de prender (y jugar, ¡obvio!) a alguien.

pueda usar cuando quiera que el otro se detenga. Elijan una palabra que no tenga nada que ver con sexo. Un buen ejemplo puede ser "**entremés**" (a menos de que tengan un fetiche con los meseros).

Eviten usar palabras como "**no**" o "**detente**", o incluso "**¡au!**", porque es posible confundirlas como parte del juego.

Recuerda: ¡es solo un juego!

Antes de involucrarte en cualquier tipo de fantasía o fetiche con tu novio o novia, hay un par de cosas que debes tener en cuenta. La más importante es asegurarse de que su relación está basada en un sólido respeto mutuo, y que ambos tienen un fuerte sentido del respeto individual. Debes poder comunicarte abiertamente con tu pareja y ninguno de los dos debe hacer algo que denigre al otro. El chiste es divertirse, ¿no?

Tampoco uses estos juegos para tratar de lidiar con los problemas emocionales de tu niñez (por ejemplo, no le pidas a alguien que te inflija dolor para olvidar o intentar superar los sentimientos que tienes porque abusaron de ti). Tener un comportamiento sexual de este tipo no borra tu pasado, así que es mejor que estés seguro de que tu pareja y tú son emocionalmente estables antes de que agarren el fuete de cuero o se pongan el disfraz de conejo.

¿Le entras o no?

Si a tu chavo o chava le encanta probar cosas que a ti te dan repulsión, dile lo que sientes y por qué. Se vale decir que **no** a algo que no te interesa hacer, aun si ya empezaron a jugar. Ahora bien, también puedes descubrir que sí te gustan las situaciones que te sugiere después de haberlas probado. Encuentra el equilibrio entre pensar que tu pareja es pervertida y respetarte a ti mismo. Nunca hagas algo que creas que no es seguro o que te hará sentir mal contigo mismo.

Lidiar con el porno

A mucha gente le gusta ver fotos o videos de otras personas teniendo relaciones sexuales. Se les llama **pornografía**, o solo *porno*. Hay muchos estigmas entorno al porno, que es malo para ti, que va a corromper tus ideas sobre el sexo y te convertirá en un pervertido, pero no necesariamente es así. Ver porno puede ser un hábito sano, siempre y cuando no se vuelva un vicio (y lo hagas todo el tiempo). Ade-

más, aunque la gente que hace porno son personas reales que realizan su trabajo, es importante entender que a lo mejor tu pareja no se va a ver así de musculosa o de delgada (ni tampoco estará tan depilada de todas partes. En la industria del porno, la cirugía plástica, el maquillaje y el retoque son los responsables de que los actores porno luzcan de esa forma. Los simples mortales amamos los cuerpos naturales de nuestras parejas, tal y como son).

Hay porno para cada ocasión y cada fetiche, pero recuerda que es ilegal que lo veas si eres menor de edad. Así que es probable que no puedas tener acceso a él hasta que cumplas los 18. Si lo consigues, debes saber que es posible que te metas en problemas.

Lo más importante es que los chavos no deben hacer porno. Por lo que más quieras (sea tu mamá, tu perro o tu colección de discos), ¡no te vayas a grabar haciendo cualquier acto sexual! No te tomes fotos o dejes que tu amigo artista buena ondita te haga un retrato desnudo. Hay una razón por la que se le llama industria del "entretenimiento para adultos", y es porque los menores de 18 años no pueden formar parte de ella. No solo puedes terminar en la cárcel, sino que tendrás antecedentes que después harán más difícil que entres a una universidad o encuentres un trabajo si se sabe. Además, no te gustaría aparecer en las noticias un día de estos: "¡Nuevo video de sexo adolescente!". Hazte un favor y aléjate del mundo del porno.

Ay, Internet

Oh, ese mágico lugar de recreación en el que habitan todos los que tienen acceso a una computadora y capacidad de apretar un botón. Es nuestro amigo porque nos enseña que hay muchas personas como nosotros. **Pero ten cuidado:** los sitios para adultos te advierten que te salgas de ellos por una razón particular. No solo es ilegal que veas porno en Internet y que otros te vean desnudo por cualquier medio, sino que también es imposible confiar en las fotos de perfil de los usuarios de estos sitios. No te gustaría que te acosara un pervertido o, peor aún, que te mate y te entierre en su covacha. Mejor aléjate de todo lo relacionado con sexo en Internet.

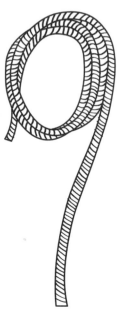

¿Y qué es la literatura erótica?

Son historias que aparecen en libros o revistas que relatan cosas cachondas. A la gente le gusta porque puede ser divertido leer las fantasías de otros. En ocasiones se imaginan siendo parte de esas situaciones sexuales, o simplemente les parece gracioso. Puedes reírte si quieres.

Si eres un escritor nato y tienes ideas propias sobre historias sexis, podrías escribir tu propia literatura erótica. Pero ten cuidado: eres chavo y no tienes privacidad por más cerrada que creas que está la puerta de tu cuarto. Si escribes estas aventuras ficticias y no quieres que tus papás las encuentren y les dé un infarto al pensar que relatas tus experiencias personales, guárdalas en un lugar muy seguro. Tampoco tienes edad para publicarlas, porque aunque no sean autobiográficas se consideran un tipo de pornografía. Escribir sobre tus fantasías es una buena salida, sobre todo si no piensas llevarlas a cabo... ni ahora ni nunca.

PREGUNTAS Y RESPUESTAS

Mi novia dice que quiere que la amarre durante el sexo. ¿Por qué quiere que haga eso? ¿Qué debo hacer?

Todos tenemos fibras diferentes y nos gustan cosas distintas por razones diversas. Así que es difícil saber por qué quiere que la amarres. Lo más sencillo es que se lo preguntes. Si decides hacerlo, recuerda que lo primero siempre es la seguridad. Para que no haya peligro, usen una cuerda de las que venden en las tiendas de magia o una cuerda de cáñamo, porque son flexibles, se desatan con facilidad y es menos probable que causen irritación. Haz nudos sencillos que sean fáciles de desatar (como los nudos de rizo), nunca ates una cuerda al cuello de alguien (es muy peligroso) y checa de vez en vez que tu novia se siga sintiendo a gusto estando atada. Si ya no lo está, ¡desátala!

159

A mi novio le gusta que finjamos ser maestra y alumno, y me preocupa que esto venga de alguna obsesión con una maestra de su escuela. ¿Debería preocuparme, o las fantasías no se relacionan con la vida real?

A unque es posible que las fantasías de tu novio tengan alguna base en el mundo real, lo más probable es que en general le excite la idea de que una mujer mayor y con más experiencia le enseñe, como joven, las delicias del sexo. De hecho es bastante común, al igual que lo es que las chavas se imaginen con hombres mayores. Solo dañarás tu relación si te dejas llevar por la paranoia de que va a empezar a ligarse a señoras. Las fantasías son solo eso: dejar que nuestra imaginación sexual nos lleve lejos. Aunque de vez en cuando pueda haber elementos tomados de la realidad, la mayoría de la gente no trata de cumplir esas fantasías. Si no quieres jugar esos papeles, ¿por qué no le sugieres alguna fantasía tuya? También pueden encontrar un punto medio en el que las de ambos se cumplan.

M i novio se la pasa haciendo chistes sobre la lluvia dorada. ¿A qué se refiere?

L a "lluvia dorada" se trata básicamente de orinar sobre tu pareja antes o después del sexo, lo cual es algo que les gusta a algunas personas. La orina (de alguien sano) está estéril, así que no es tan poco higiénico que entre en contacto con la piel. Lo que sí es que no debe beberse, por su contenido de sales y minerales. Además, a algunas personas les pueden salir ronchas por el contacto de la orina con la piel.

Me gusta la idea de que un chavo me domine por completo, pero mi novio es demasiado bueno. Le da miedo decir algo malo o lastimarme, cosa que a mí no me importa. Si le doy pautas creo que no me voy a prender mucho, porque le voy a estar enseñando cómo dominarme y entonces me arruinará el juego. ¿Hay forma de que lo haga tomar el control?

Lo más probable es que a tu novio le hayan enseñado que debe ser respe-tuoso con las mujeres, lo cual es muy bueno porque seguro lo hace un gran novio. Claro, no ayuda si lo que le estás pidiendo es que te domine en la cama. Suena a que es algo nuevo que le da temor experimentar, así que no debe saber qué hacer. Aunque decirle paso a paso cómo te gustaría que te dominara puede arruinarte la experiencia, a lo mejor basta con que le digas por qué quieres que lo haga y por qué es tan importante para ti. También puedes intentar escribir una descripción de las situaciones que incluya las cosas que tu novio haría y te diría en tu fantasía de dominación.

Quizá él cree que va a sonar tonto si te dice ciertas palabras, y piense que si dice algo mal te vas a reír de él. La próxima vez que intente tomar el control, haz más evidentes tus reacciones para que sepa si está haciendo y diciendo las cosas adecuadas. Eso aumentará su confianza.

Ahora bien, también es posible que a él no le guste ese rollo. Tal vez, al igual que tú, prefiera que sea alguien más quien tome las riendas. En ese caso, si es tan importante para ti, probablemente lo mejor sea que terminen para que puedas encontrar a alguien más afín a tus intereses.

No hay preguntas tontas... excepto esta

Si me gusta mucho el sexo, ¿significa que es un fetiche?

Capítulo 11
Hablar de sexo

La boca también sirve para comunicarse

Hay canciones, blogs, sitios web y libros al respecto. No pasa un día sin que te lo topes en las noticias o en los programas de la tele. El sexo está en todas partes, y todo mundo tiene algo que decir al respecto. Lo más probable es que tú también tengas una o dos ideas que quieras compartir. Y, aunque ya te aventaste un libro completo sobre el tema, seguramente sigues teniendo muchas preguntas.

Aunque a veces no sea algo con lo que se sientan a gusto, es muy importante que tus amigos y tú empiecen a hablar de sexo y no dejen de hacerlo. Puedes empezar a practicar en este momento. Intenta gritar: "¡Sexo! ¡Sexo! ¡Sexo!". Es una gran idea hacerlo, sobre todo si estás en una biblioteca. En el fondo, a las bibliotecarias les gusta el ruido... y el sexo.

Bueno ya, seamos serios. Tener una buena comunicación puede ayudarte a evitar (y a enfrentar) problemas graves como un embarazo, las ITS y perder la cabeza cuando tu cuerpo está haciendo algo que no entiendes. Así que empieza a hablar y a hablar y a hablar sobre sexo.

Hablar con tu pareja

Gracias a nuestros papás, desde pequeños aprendemos a ser educados. (¿Ves cómo siempre que se menciona la buena educación se termina agradeciéndole a alguien?) Sin embargo, hay veces en las que los modales nos meten en problemas, como cuando no estamos seguros de si alguien está siendo honesto o solo está endulzándonos el oído. Esto ocurre con unas cosas más que con otras, pero el sexo y las relaciones son dos de los temas más complicados para todos los involucrados. Tal vez un día te sientes de una forma y de otra muy distinta al siguiente. Por eso lo mejor es hablar abiertamente de nuestros sentimientos con nuestras parejas o con quien estemos teniendo ondas.

Por ejemplo, a lo mejor tú solo quieres tener sexo en una relación comprometida, o solo quieres tener ondas, o después de esperar tanto tiempo para acostarte con alguien te das cuenta de que ya no te interesa pasar tu vida entera (o por lo menos el semestre) con él o ella. Es mucho mejor ser honesto al respecto. No puedes pretender que los demás sepan qué te está pasando si no se los dices.

Ahora bien, también te puede resultar aterrador expresar tus emociones si solo estás teniendo ondas con alguien y de repente empiezas a sentir algo más fuerte por esa persona. A lo mejor no dices nada para que no se acabe la relación. Pero recuerda que si te quedas callado, es posible que tu ligue nunca lo sepa y tal vez te pierdas una buena oportunidad.

Luego viene la parte del sexo. Entre más cómodo te sientas hablando con la gente sobre todas las partes de tu ser, más fácil será decir: "Estoy en mis días. Podemos poner una toalla sobre las sábanas o esperarnos hasta la próxima semana". También te sentirás con más confianza para hablar de protección, de las cosas que te gustaría intentar y de aquellas que no te agradan.

Aunque seas algo tímido o no sepas expresarte del todo bien, es buena idea que le agarres la onda a esto de la comunicación. Practicar cómo hablarle a una pareja también te será muy útil en el futuro. Los adultos gastan mucho dinero en terapias de pareja porque no saben cómo discutir sus necesidades y deseos… o si les gusta o les molesta que la ropa se lave con suavizante.

Hablar con tus mejores amigos

Esta es la gente con la que suele ser más fácil hablar. A diferencia de tu familia, tú los escoges, así que por lo menos te caen bien. Cuando tienes buenos amigos puedes contarles todas esas cosas que crees que nadie más entenderá, porque sabes que no te juzgarán. Mientras que los adultos están ahí solo para ayudarte a salir de los problemas más graves, tus amigos te apoyan en absolutamente todo. Se supone que también serán honestos contigo cuando vean que te estás metiendo en una situación peligrosa (como una relación en la que hay abuso). Son las personas con las que siempre puedes hablar, como cuando te estás volviendo loca porque no te ha bajado o si no alcanzas un orgasmo cuando tu novia te hace sexo oral.

Con amigos así, ¿quién necesita ir al médico?

Tal vez tengas amigos que saben muchísimo sobre sexo, lo cual es genial porque entonces puedes hablar abiertamente sin miedo a que te juzguen y obtener buena información. Pero aunque crean que lo saben todo, a lo mejor se equivocan en una que otra cosa (o en unas 12). Recuerda siempre complementar lo que te digan con información importante de fuentes más confiables, como las instituciones que encontrarás en la sección de recursos al final de este libro.

De igual forma, si ves que ellos están tomando malas decisiones, querrás decírselos. Recuerda que es tan importante lo que dices como la forma en la que lo expresas. Aunque tengas razón al decirle a tu amigo que está reventando demasiado, puede que te saque de su vida si siente que lo estás regañando y no que es tu forma de apoyarlo.

Y ENTONCES TU PAPÁ PONE SU...

Hablar con tus papás

Qué bueno que quieras aprender más sobre sexo y que por eso estés leyendo este libro. Pero ¿cómo educar a tus papás?

De hecho no necesitas enseñarles los detalles del sexo, porque lo han tenido. Si no, no estarías aquí. Lo que necesitan aprender es el papel que el sexo juega en tu vida. No saben si lo estás haciendo, con quién o cuántos de tus amigos lo hacen. Tampoco saben si eres responsable con tu sexualidad. La única forma de que se enteren es que se los digas, porque de otro modo seguirán en la ignorancia. Lo único que tienen por seguro, y lo que más los paniquea, es que te estás convirtiendo en un adulto y que

en algún momento, ya sea ahorita o pronto, serás sexualmente activo.

Una vez dicho esto, hay que aclarar que no todo el mundo tiene una relación abierta con sus papás. Hay chavos que no quieren hablar de sus vidas sexuales con sus papás, y hay papás que prefieren no saber. Incluso hay papás que quieren contarte más pormenores sobre el sexo (y sobre su vida sexual) de lo que eres capaz de escuchar. Si compartir estos detalles con tu familia es difícil o hasta imposible, igual puedes hablar con ellos sobre sexo en términos de cómo lo viven los chavos de tu edad, para que distingan las verdades de los mitos que fomentan las noticias y los programas sensacionalistas. Mantener la comunicación abierta, sin necesidad de contarles todos los detalles reveladores, les demostrará que eres inteligente y honesto, y quizá con el tiempo respeten más tu privacidad.

En parte es difícil lidiar con tus papás porque los agobia una incontrolable ansiedad por tu seguridad. (Si a ti te molesta, imagínate cómo se sienten ellos.) Es la misma intranquilidad que sentían cuando te colgabas de los juegos en el parque y cuando corrías alrededor de la alberca, y la que sienten ahora cuando, por decir algo, te va mal en la escuela. Tendrán miedo de muchas cosas, dependiendo de lo que ellos hayan vivido y de lo que escuchan en las noticias. Les preocupará que te contagies de una ITS, que te embaraces o que te rompan el corazón. Algunos pueden temer incluso lo que piensen los vecinos o Dios mismo. Sin importar cuáles sean sus temores, se preocupan y nunca van a dejar de hacerlo. Es su trabajo como papás… aunque no les paguen por hacerlo.

Aprender a enseñarles sobre tu mundo y a comunicarte con ellos te ayudará a tranquilizarlos. También es fundamental si quieres que haya armonía mientras vivas en su casa (o al menos en lo que terminas la prepa). Muchos papás están dispuestos a hablar con sus hijos. Si los tuyos no son así, recuérdales que se ha comprobado que los chavos que hablan con sus papás sobre sexo tienen menos probabilidades de provocar embarazos no deseados. No todo se aprende en los libros, ni siquiera en este.

Cómo ha cambiado el sexo

A lo mejor crees que el sexo es diferente ahora de como era en los tiempos de tus papás, y eso es justo lo que les preocupa tanto y lo que evita que entiendan por qué haces lo que haces. Pero ¿de verdad es tan diferente?

El sexo es sexo. Fuera del cibersexo, todo lo que hemos presentado hasta ahora ha ocurrido desde que la gente empezó a tener sexo, que fue hace *mucho* tiempo. Tal vez te desagrade saberlo, pero tus papás saben lo que es el sexo oral, anal y vaginal. No necesitas prestarles este libro para que se enteren.

Algunas cosas sí han cambiado. Por ejemplo, la forma en la que hablamos sobre el tema, pues la sociedad es más abierta que antes. También la homosexualidad es más aceptada, y los chavos gays pueden ser más abiertos en cuanto a su orientación sexual. Ya no se cree que las chavas estén "echadas a perder" porque no llegan vírgenes al matrimonio. Además hay más información sobre las enfermedades, las formas en que se transmiten y las opciones para protegernos. Ya se habla más sobre qué tan frecuente es el abuso sexual, lo que ayuda a evitarlo. Todos estos cambios son positivos, y si tus papás no los conocen puedes ser quien les ilumine el camino.

¡Me van a matar!

Muchos chavos creen que sus papás los van a matar si les dicen que están pensando en tener sexo. Los papás han invertido mucho tiempo y dinero en sus hijos, así que saben que matarlos sería tan tonto como mandar a pintar un auto de carreras, llevarlo a la pista y chocarlo varias veces contra una pared. No solo esperan que llegues a la edad adulta sin haber incendiado la casa, sino también que los mantengas algún día cuando seas director general de una empresa. Aunque se pongan morados de coraje y empiecen a gritonear, matarte no es una opción.

Gánate su confianza

La confianza es uno de los premios más difíciles de ganar en la feria (o sea, en tu casa). No está *cool,* pero cuando les das la más mínima muestra de irresponsabilidad, a veces terminan cuestionándose qué tanto pueden confiar en ti. Si no tienen la tranquilidad de dejarte solo en casa, mucho menos de permitirte tener relaciones sexuales.

Aquí hay algunos consejos para ganarte su confianza:

1. Si prometes que harás algo, cúmplelo. Si no pueden confiar en que harás lo que prometes o, peor aún, si te cachan una mentira (aunque solo sea una vez), vas por mal camino.

PAPÁ, EL HOMBRE PORMEDIO PIERDE SU VIRGINIDAD A LOS 16.9 AÑOS Y PUES, HE ESTADO SACANDO NÚMEROS...

2. Prepárate para hablarles de sexo.
Si no puedes discutir el tema como un adulto maduro, y no te atreves a decir las palabras pene y vagina sin soltar una carcajada incontrolable (y hasta una lágrima de tanta risa), creerán que no estás listo para tener sexo (y lo más probable es que tengan razón).

3. Infórmate. Asegúrate de toda la información que puedas sobre biología, anticoncepción y prevención de enfermedades antes de tener "la conversación" con ellos. Tu conocimiento los impresionará. O, si quieres que sean ellos quienes te instruyan sobre sexo, hazles saber que ya hiciste tu propia investigación, pero que también quieres conocer sus opiniones y perspectivas.

4. No entres en pánico. Aunque su reacción sea irracional, conserva la calma y trata de seguir la conversación lo mejor que puedas.

¿Y si no puedo hablar con mis papás?

Supongamos que tus papás no hablan contigo de sexo. No lo harán aunque tú sí quieras hacerlo o incluso lo necesites. O tal vez han hablado contigo, solo para decirte que eres demasiado joven para tocar el tema. ¿Confías sobre todo en la información que te dan tus amigos y los sitios web que visitas? Ya que algunas de tus dudas pueden ser muy personales, la mejor idea es identificar a un adulto en el cual puedas confiar. Puede ser un maestro, o el hermano mayor o la mamá de alguno de tus amigos.

Hablar con tu médico

Tu doctor tiene el privilegio de ganarse la vida escuchando y viendo todo tipo de cosas interesantes y a veces grotescas. No importa hace cuánto terminó la carrera de medicina, pues está bastante preparado para enfrentar cualquier cosa. Además, también fue adolescente alguna vez, experimentó cambios en su cuerpo y pensó en sexo.

El punto es que debes tener la confianza de contarle lo que te está pasando. Parte del derecho de paso a doctorlandia consiste en tomar un juramento de tratar a todos igual. A los médicos se les paga para que te cuiden, y debes echarles la mano diciéndoles la verdad sobre asuntos importantes como tus hábitos sexuales, si consumes drogas y tu color favorito. (Este último servirá para romper el hielo en el consultorio.)

Si quieres contarle cosas que no quieres que tus papás sepan, pregúntale cuáles son sus políticas de confidencialidad con anticipación. Hay muchos médicos que respetan que sus pacientes adolescentes no quieran compartir ciertas cosas con sus padres. (Esto puede no ser tan fácil cuando le reveles cosas que pueda considerar peligrosas para ti o para otros. En ese caso, deben hacer todo lo posible para buscarte ayuda, y eso incluye hablar con tus padres.)

Ahora bien, si tus papás te acompañan a la consulta, puedes decirles que preferirías hablar solo con el médico, ya sea por momentos o todo el tiempo. Se lo puedes pedir antes de la visita o esperarte a que estés con el médico.

Si tus padres o el doctor no respetan tu privacidad o no te gusta la vibra que trae tu médico, busca otras alternativas de información en la sección de recursos.

Cómo hablar con el resto del mundo

Ahora que sabes un poco más de sexo, esperamos que compartas tu sabiduría con los demás. Todo empieza con tu familia y amigos, pero hay cientos de personas allá afuera que están confundidas con respecto al tema o que creen que lo saben todo, pero que en cuestiones sexuales importantes, creen cosas falsas.

Una forma genial de hacer la diferencia en el mundo de la información sexual es lo que en muchas universidades y prepas se conoce como tutorías entre compañeros. A veces te dan cursos para que ayudes a otros estudiantes a resolver sus dudas. Cada escuela es diferente, pero todas tienen el objetivo de difundir el conocimiento. También hay sitios web con contenido confiable y divertido para chavos, escrito por chavos.

Si aún te preguntas dónde puedes pedir apoyo personal para todas las cuestiones que te preocupan o te interesan, checa la sección de recursos que está después de este capítulo. Hay varios libros, números telefónicos y páginas web que pueden serte útiles.

Quiero preguntarle a mi novio sobre sus experiencias sexuales anteriores, pero cada vez que saco el tema me dice que no debemos hablar del pasado. Me da miedo que me esté ocultando algo. ¿Qué debo hacer?

Todo depende de qué quieres saber y por qué quieres saberlo.

Si en realidad solo te interesa lo básico (como si se ha protegido al tener relaciones sexuales), es sensato que se lo preguntes. Aunque se sienta incómodo al hablar del tema, explícale que quieres asegurarte de que ambos toman buenas decisiones cuando tienen sexo. Asegúrale que no es tu intención juzgarlo, y que aun si ha cometido errores no te vas a enojar. Prepárate para lo que pueda responderte y para escuchar lo que tiene que decir.

Sin embargo, si le preguntas por sus relaciones y experiencias sexuales anteriores por otras razones (porque quieres detalles de su vida personal), es decisión suya si quiere compartir esa información contigo. Recuerda que por algo ya no se está acostando con su ex, así que si te dice que no quiere hablar del pasado es posible que sea porque se acuerda de cosas no muy agradables. Una parte importante de la comunicación es escuchar, y a veces eso incluye prestar oídos cuando alguien te dice que no quiere tocar el tema.

Otra posibilidad es que haya tenido una ex muy celosa que se enojara cuando le contaba sobre sus experiencias sexuales previas. Hay quienes le piden a sus parejas que les cuenten un poco más sobre sus amores o aventuras del pasado, y luego se ponen celosas y quieren saber cada vez más. Antes de que se den cuenta, la novia celosa revisa diario sus perfiles de redes sociales en busca de las exnovias. Se puede poner complicado. Si le haces esta pregunta porque estás celosa, da un paso atrás. Ahorita está contigo y debes disfrutar el vínculo que tienen sin vivir en el pasado.

Mi mamá y mi papá detestan a mi novia. Ni siquiera le dieron una oportunidad, y se la pasan diciendo que es una mala influencia y me prohibieron verla. Ella antes consumía drogas, pero ya no y por eso estoy muy orgulloso de ella. Todavía nos vemos en la escuela y estamos ideando la forma de escaparnos después de clases. Pero yo preferiría que mis papás dejaran de actuar así. ¿Cómo le hago para que se den cuenta de que mi novia es increíble, aunque haya tenido algunos problemas y su familia no tenga dinero?

Es difícil, porque si comienzan a verse a escondidas y tus papás se enteran, perderán aún más la confianza que han depositado en ti y creerán que tenían razón cuando te dijeron que era una mala influencia. Y quién sabe cómo, pero los papás siempre se enteran, ¿o no?

En este caso, el mejor consejo es que tengan una conversación madura en la que puedas demostrarles que entiendes qué les preocupa y por qué, aunque sea algo muy molesto. Aunque crean cosas que no son ciertas, al final del día lo único que están haciendo es tratar de protegerte.

Después asegúrales que eres capaz de tomar decisiones difíciles, incluso como terminar con tu novia si regresa a las drogas. Diles que no estás tratando de salvarla, sino que solo ves sus cualidades, y que quieres ser parte de su vida. Considera la posibilidad de que tu novia vaya a tu casa y juntos hablen con tus papás. Así ella les demostrará que se siente confiada a pesar de los errores que cometió, que los reconoce y que es capaz de seguir con su vida. Claro, a tu chica deberás garantizarle que no vas a llevarla a un campo de batalla. Es muy difícil ser la persona juzgada y no ponerte a la defensiva cuando los papás de tu novio te están acribillando.

Mi mamá nos cachó a mi novia y a mí teniendo relaciones. Se enojó muchísimo y mi novia está tan avergonzada que no quiere volver a mi casa. ¿Qué puedo hacer?

Necesitas hablar con ambas. Pregúntale a tu mamá por qué se enojó. Si fue porque cree que estás haciendo las cosas a escondidas, esfuérzate por restablecer la confianza. Si le sacó de onda que tengas sexo, habla con ella al respecto e intenta resolver sus dudas y calmar sus preocupaciones con madurez.

En cuanto a tu novia, sé comprensivo. Imagínate cómo te sentirías tú si hubiera sido en su casa y los hubiera cachado uno de sus papás. Recuérdale varias veces que no hizo nada malo y que te preocupas por ella. Ojalá pronto los tres encuentren la forma de verlo como algo gracioso.

Mi novio y yo estamos listos para tener sexo, pero no nos dejan estar solos en su cuarto ni en el mío con la puerta cerrada. No queremos hacerlo en el coche o algo así, pero no sabemos cómo resolverlo. ¡Ayúdenos!

Es evidente que los padres de ambos saben que quieren tener relaciones sexuales. Creen que pueden evitarlo si les prohíben cerrar las puertas. Aunque suene descabellado, quizá debas hablar con tus papás y preguntarles por qué no te dan chance de tener un momento de privacidad con tu novio. Intenta decirles que estás tomando decisiones bien pensadas y seguras sobre el sexo para ver si así dejan de preocuparse tanto. (También deben tomar en cuenta a los papás del chavo, porque aunque ellos acepten que tengas relaciones sexuales, no pueden decidir lo mismo sobre alguien que no es su hijo.)

Si hablar sobre el tema no funciona (o conoces muy bien a tus papás y sabes que jamás te van a dar chance de besuquearte con tu novio y mucho menos tener sexo en la casa), quizá te sientas tentada a hacerlo en otros lugares como el auto o en fiestas. No es lo ideal, pero si lo hacen recuerden protegerse y no hacerlo en lugares públicos, peligrosos o aislados.

La última vez que fui con mi doctora me preguntó si tenía una vida sexual activa, pero le mentí y le dije que no. Soy muy cuidadosa y siempre me protejo. ¿Es realmente necesario que le cuente a mi doctora sobre mi vida sexual?

Mentirle al doctor no te hará ningún un favor. Cuando empiezas tu vida sexual, también el médico debe empezar a hacerte exámenes diferentes y a observar si hay algo fuera de lo normal, aunque seas la persona que más se proteja en el universo. Si llegas a tener un problema de salud relacionado con sexo, querrás tener a alguien capacitado que te ayude a resolverlo.

La pregunta es: ¿por qué te sientes incómoda hablando de sexo con tu doctora? Si crees que el sexo es algo vergonzoso, deberías platicarlo con un terapeuta o con otro adulto en el confíes. Si el problema es que no confías en tu doctora, busca otro especialista y checa la sección de recursos para obtener más información.

Mis papás se divorciaron y vivo con mi mamá. Se la pasa diciéndome que no debo ser promiscua y cuando salgo con mi novio me obliga a regresar a las 8 p.m. Pero ella trae a casa a un tipo diferente cada fin de semana. Me molesta muchísimo. ¿Por qué los papás son tan hipócritas?

A veces los papás tienen reglas diferentes para ellos y para sus hijos, sin darse cuenta de su hipocresía. Si tu madre es tan estricta en cuanto a las salidas con tu novio, es posible que tenga muchos sentimientos acumulados sobre su propia experiencia. Intenta platicar con ella sobre su vida amorosa en alguna oportunidad. No la confrontes con hostilidad ni la juzgues, y cuando sea el momento dile cómo te hacen sentir las restricciones que te impone. Aguanta y tenle paciencia; hacer elecciones difíciles por los hijos no siempre es fácil.

Mis papás me espían. Se meten a todos los sitios web que visito, checan los mensajes que me llegan al celular y ven todas mis fotos. ¿Cómo logro que lo dejen de hacer?

L a privacidad es un tema delicado entre los chavos y sus papás. Los papás, sobre todo en estos tiempos, se ponen paranoicos de pensar qué tipo de páginas web visitan sus hijos, con quién hablan y a quién le mandan mensajes. Como ya hemos dicho, lo hacen porque se preocupan por ti y por las decisiones que puedas tomar. En este caso, tus papás parecen estar llevando el monitoreo al límite, así que quizá debas sentarte a platicar con ellos para asegurarles que estás siendo responsable y pedirles que te den tu espacio y no lean todos y cada uno de tus *mails*. Acuérdate que están armando esta red de espionaje casero porque te aman y se preocupan por ti. Una vez que logres demostrarles que eres capaz de tomar buenas decisiones, lo más probable es que desmantelen la red. Si no lo hacen, aprende a comunicarte en código Morse.

¿VES? TE DIJE QUE SOLO ESTABA HACIENDO SU TAREA.

No hay preguntas tontas... excepto esta

Mis papás son nefastos como papás, pero mis abuelos son muy *cool*. ¿Debería tener un hijo para que mis papás se alivianen?

Recursos
e
índice de temas

Sitios web que debes conocer

Midwest Teen Sex Show
www.midwestteensexshow.com
¡Este es nuestro sitio! Encontrarás videos de tres a cinco minutos que abarcan todo tipo de temas sexuales y te harán reír.

Grupo de Información en Reproducción Elegida (GIRE)
www.gire.org.mx
GIRE es una asociación civil dedicada a difundir los derechos reproductivos en México. En este sitio encontrarás respuestas a preguntas frecuentes sobre el tema del embarazo no deseado y el aborto, pues lo abordan desde la perspectiva social, legal y de salud pública.

El armario abierto
www.elarmarioabierto.com
El armario abierto es un centro especializado en la educación y salud sexual. En el sitio encontrarás libros, DVD, ¡y hasta juguetes!, para disfrutar de una vida sexual plena. También ofrecen talleres y conferencias.

Letra S
www.letraese.org.mx
Se trata de una organización dedicada a difundir información sobre el VIH / SIDA y otras cuestiones en torno a la salud sexual y derechos humanos. Aquí encontrarás artículos, videos, galerías y links a otros sitios relacionados.

Centro Latinoamericano Salud y Mujer (CELSAM)
www.celsam.org
Esta página cuenta con foros, chats y otros recursos dirigidos a jóvenes en torno a temas como anticoncepción, embarazo, ginecología y más.

AFLUENTES, S.C.
www.afluentes.org
Afluentes es una sociedad civil mexicana sin fines de lucro, creada en 1998, con el propósito de producir, sistematizar y difundir información, conocimientos y técnicas metodológicas en el campo de la salud sexual y reproductiva de las y los jóvenes.

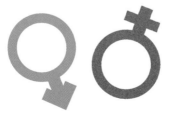

Libros que debes leer

La nueva homosexualidad
Marina Castañeda

La comunidad LGBT ha pasado por muchos cambios sociales. Hoy en día sus derechos se reconocen más; el matrimonio gay y otras formas de unión ya son legales en más de veinte países. La autora de este libro habla de qué significa esta integración social. Hay que celebrar triunfos como estos, sin olvidar que la lucha continúa.

Papá, mamá, soy gay
Rinna Riesenfeld

Es un libro dirigido a padres de hijos homosexuales. Se trata de una guía que propicia el diálogo. Quizá no lo veas así, pero la moneda tiene dos caras: tú puedes ayudar a tu familia en el proceso de aceptación. Este libro puede servirte para entender a tus papás y para mejorar su relación.

Sexualidad: los jóvenes preguntan
Juan Luis Álvarez-Gayou,
Paulina Millán Álvarez

Aquí encontrarás respuestas de expertos del Instituto Mexicano de Sexología a preguntas que suelen ser mal contestadas o entendidas. En él se abordan temas fuertes como abuso sexual, violaciones e ITS de manera directa y genuina. No consultes fuentes poco confiables, mejor ve a lo seguro.

Tu sexo es tuyo
Sylvia de Béjar González

Este libro busca romper con la creencia de que la sexualidad femenina no es tan importante como la masculina. En él aprenderás a borrar prejuicios y a expresar abiertamente tus necesidades para así disfrutar de tu cuerpo y de tu sexualidad plenamente.

Recursos LGBT

Jóvenes LGBT México
www.joveneslgbtmexico.org
Aquí podrás enterarte de los eventos organizados por y para la comunidad LGBT en México y participar. También hay galerías y videos, así como información básica sobre el VIH / SIDA, tratamientos y pruebas.

Aguas con tu ligue
www.aguascontuligue.com
Es una campaña ciudadana para despertar conciencia y prevenir la violencia relacionada con la homofobia. Este sitio fomenta la denuncia de delitos cometidos en contra de la comunidad LGBT. También encontrarás consejos para que no te vayas con cualquiera.

Familias por la diversidad
www.familiasporladiversidad.org
Es una organización internacional conformada por familias que celebran la diversidad y luchan en contra de la homofobia y la discriminación. Aquí puedes descargar PDF informativos. ¡Tal vez a tus papás les interese!

Acciones Voluntarias sobre Educación, Ave de México
www.avedemexico.org.mx
Esta organización promueve la salud sexual y se enfoca a la prevención de ITS y VIH / SIDA. Entre sus servicios encontrarás líneas de asesoría médica, emocional y educativa. Para obtener respuestas tienes que preguntar. No te quedes con dudas.

Instituciones que ofrecen asesoría y ayuda

ILETEL: Apoyo para la interrupción legal del embarazo
(55) 5132 0909 o (55) 5740 8017

Fondo María
www.redbalance.org/maria/inicio_maria.html
El Fondo María ofrece apoyo económico a las mujeres que viven en el interior de la república mexicana y desean abortar para que lo hagan de forma segura en la Ciudad de México. También te pueden acompañar, si lo necesitas, y brindarte apoyo emocional.

Centro Nacional para el Control y la Prevención del SIDA
censida.salud.gob.mx
Esta página gubernamental ofrece información sobre transmisión y prevención del VIH, así como directorios de servicios de salud y pruebas para la detección del virus.

Vida sin violencia (Inmujeres)
vidasinviolencia.inmujeres.gob.mx
Es una página con información que te ayudará a reconocer si vives en un ambiente de violencia familiar con *tests* diseñados para chavas y chavos. Cuenta con números de atención telefónica para todos los estados de la república mexicana.

Agradecimientos

Jamás habría podido reunir toda la información exacta y útil que hay en este libro sin el apoyo de Cory Silverberg, Heather Corrina, Judith Steinhart, Jeffrey Klausner, Morty Diamond, Tristan Toramino y Miriam Kaufman. Todos ellos son pioneros en el mundo del conocimiento sobre sexo y encontraron tiempo en sus ocupadas vidas como educadores sexuales para responder cada una de mis dudas. Durante todo el proceso se encargaron de que la bandeja de entrada de mi correo electrónico siempre fuera interesante, con asuntos como "cuestiones fálicas" y "condones en traseros".

También quiero agradecer a la editora de Zest Books, Hallie Warshaw, por decidir que era importante escribir un libro como este, y a la directora editorial, Karen Macklin, por tenerme paciencia en todas las etapas del proceso. La editora de investigación de Zest, Nikki Roddy, también merece mi agradecimiento por pasar una cantidad considerable de tiempo revisando documentos extensos y gráficas que abarcaban todo tipo de cosas, desde secreciones corporales hasta tamaños de penes.

Especialmente quiero agradecer a mis hijos por interrumpirme de vez en vez para enseñarme que una hora de bailes tontos en la cocina puede ser una excelente cura para casi todo.

Sobre la autora

Nikol Hasler es periodista independiente, además de conductora y guionista de la exitosa serie para Internet *The Midwest Teen Sex Show*. Actualmente escribe en la columna de consejos semanal "Love, Sex, Etc." de la revista electrónica *Milwaukee Magazine*. También ha escrito para *The Alternative Press*, RHRealityCheck.org y *The Onion A.V. Club Chicago*. Es originaria del centro de Estados Unidos y madre de tres. Hoy en día vive en Los Ángeles, donde estudia producción, dirección y escritura de guion para cine y televisión. Ha dado conferencias y talleres de educación sexual en preparatorias, universidades y a través de foros en línea. También es una gran jugadora de *ski-ball*.

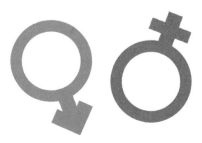

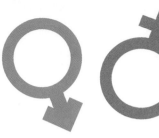

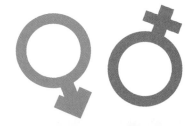